シリーズ「遺跡を学ぶ」123

出雲王と四隅突出型墳丘墓

西谷墳墓群

渡辺貞幸

新泉社

出雲王と四隅突出型墳丘墓

―西谷墳墓群―

渡辺貞幸

【目次】

編集委員
勅使河原彰（代表）
小野　昭
小野　正敏
石川日出志
小澤　毅
佐々木憲一

装　幀　新谷雅宣
本文図版　松澤利絵

第1章　西谷墳墓群の発見

1　中学生が発見した遺跡

一九五三年、大学を卒業したばかりの池田満雄さんが出雲第一中学校に教員として赴任した。池田さんは島根大学で碩学の誉れ高い山本清先生の薫陶を受けた考古学徒で、実家がその校区内にあったこともあり、大いに張り切っていた。

ちょうどそのころ、同中学校に入学したばかりの錦織誠《にしこおりまこと》さんは、いつも遊び場にしている大津町下来原《しもくりはら》の丘陵地で土器片が散乱しているのをみつけた。錦織さんの幼なじみに近所の窯元（萬祥山窯《ばんしょうざん》）の子・日野勁甫《けいすけ》さんがいて、二人はよく一緒に遊んでいたから、錦織さんは窯元で作られていた陶器類についてもよく知っていた。錦織さんは当時をふりかえって、「新しくみつけた土器が萬祥山の焼き物とはまったく違うものだということは、一目でわかりました」といってほほえんだ。

錦織さんが遊び場としていたのは、大津の町の南方に広がる低丘陵地帯だった。この丘陵は出雲（簸川《ひかわ》）平野と斐伊川《ひいかわ》の流れを見下ろす眺望のよい場所で、いくつかの尾根が平野にむかってのび、谷は水田として利用され、丘陵地はタヌキやウサギが棲む雑木林になっていて、一部は開墾されて野菜や麦、タバコなどの畑として利用されていた。丘陵の一角には萬祥山窯の陶土採掘地や捨て場もあった。丘陵地は大部分が下来原字西谷《あざにしだに》に属していたので、「西谷丘陵」とよばれていた。

　西谷丘陵は現在、北西部が削平され谷は埋められて県立商業高校の校地になり、さらに周辺の宅地化や新しい道路の敷設によって景観は一変

図1 • 西谷墳墓群の位置
西谷墳墓群の北には、出雲平野―宍道（しんじ）湖―中海とつづく「宍道低地帯」が東西にのびる。こうした立地が交通や生産流通を保障し、古代出雲の繁栄を支えたのだろう。

しているが、当時の様子は古い空中写真でしのぶことができる（図3）。

　錦織さんが土器を発見したのは、西谷という字名のもとになった「西谷」とよばれる谷（以下、谷の名前のときは「西谷」とカギ括弧を付けて表記）の谷頭《たにがしら》にほど近い丘陵上だった。茶畑として造成する作業中にたくさんの土器片が掘り出され、まとめて捨てられていたという（土器が出土した丘は、のちに西谷4号墓とよばれることになる）。新任の先生が古い時代のことを研究していると聞いた錦織さんは、それらを拾い集めて池田さんに届け、後日、池田さんをその場所に案内した。

　錦織さんの回想によると、土器を届けたことがきっかけとなって、池田さんは同好の生徒を集めて学内に「郷土研究クラブ」をつくった。もちろん錦織さんも中心的な

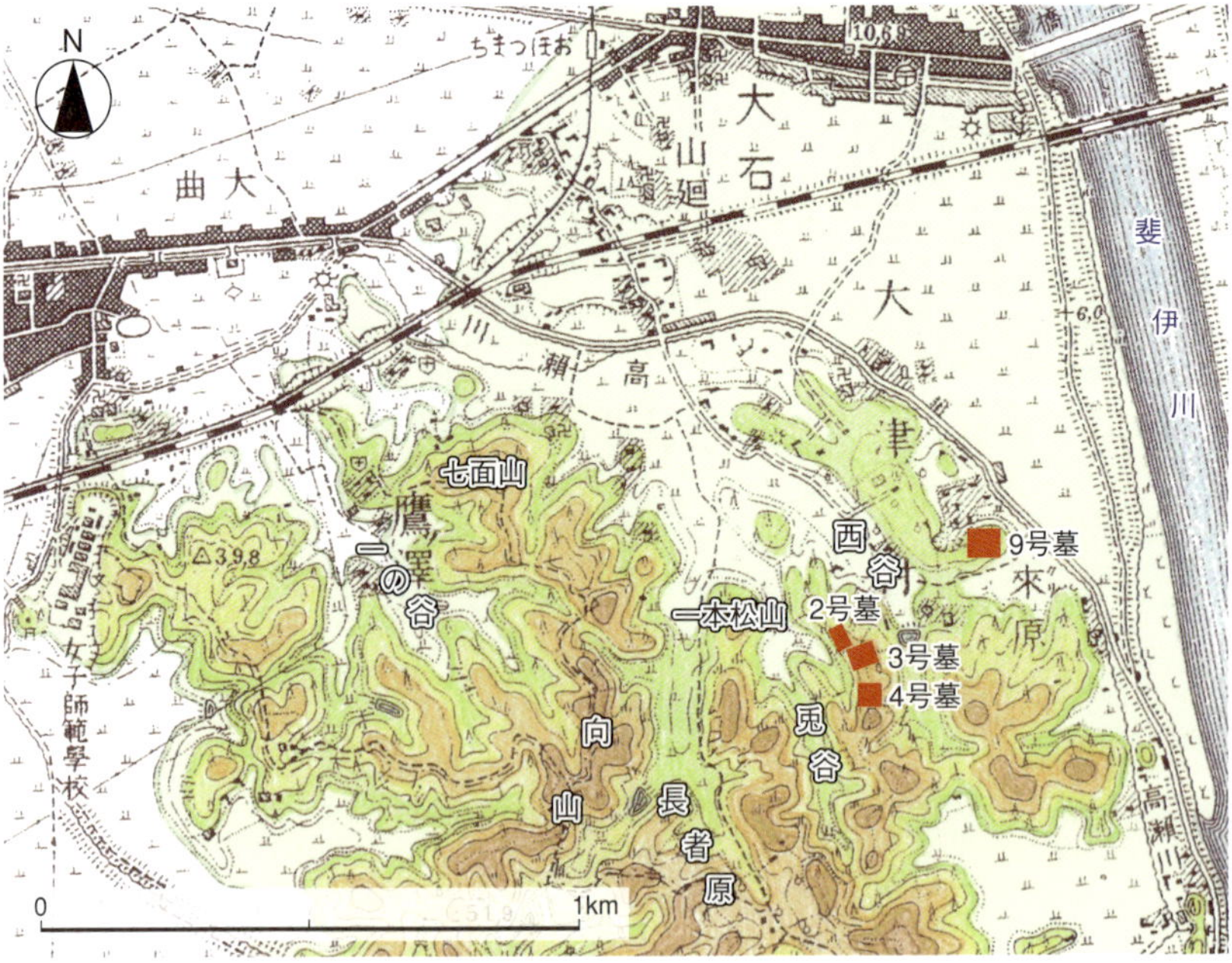

図2 ● 西谷墳墓群を含む「山廻段丘」
出雲市市街の南東には「山廻（やままわり）段丘」とよばれる低丘陵が突き出しており、その東半部が西谷丘陵だ。1915年の初版2万5千分の1地形図によって「山廻段丘」の旧状を示す。

メンバーになった。クラブの活動内容については、生徒たち自身によるくわしい報告が『私たちの考古学』第四号（一九五五年）に載っている。そこでは、錦織さんの活躍ぶりもつぎのように紹介されている。

> クラブの中でも非常に熱心な錦織君は、よく大津の山を歩きまわり、土器を見つけてきます。相当高い山の上から弥生式中期の土器の出ることもわかりました。今まで大きな古墳だけしか注目されていなかったぼくたちの地方に、皆んなの力でだんだんと弥生式遺跡の様子も知られてくるようになりました。これからも協力して調べていけば、……ぼくたちの地方に古墳の生まれてくる様子もわかってくることでしょう。（出雲一中郷土研究クラブ「ぼくらのあゆみ」）

図3 ● 1947年米軍撮影の西谷丘陵
ほとんどが山林と畑地だった。「西谷」の左の尾根に、当時は裸山だった西谷3号墓がみえる。発掘当時の空中写真（図11）と比較されたい。

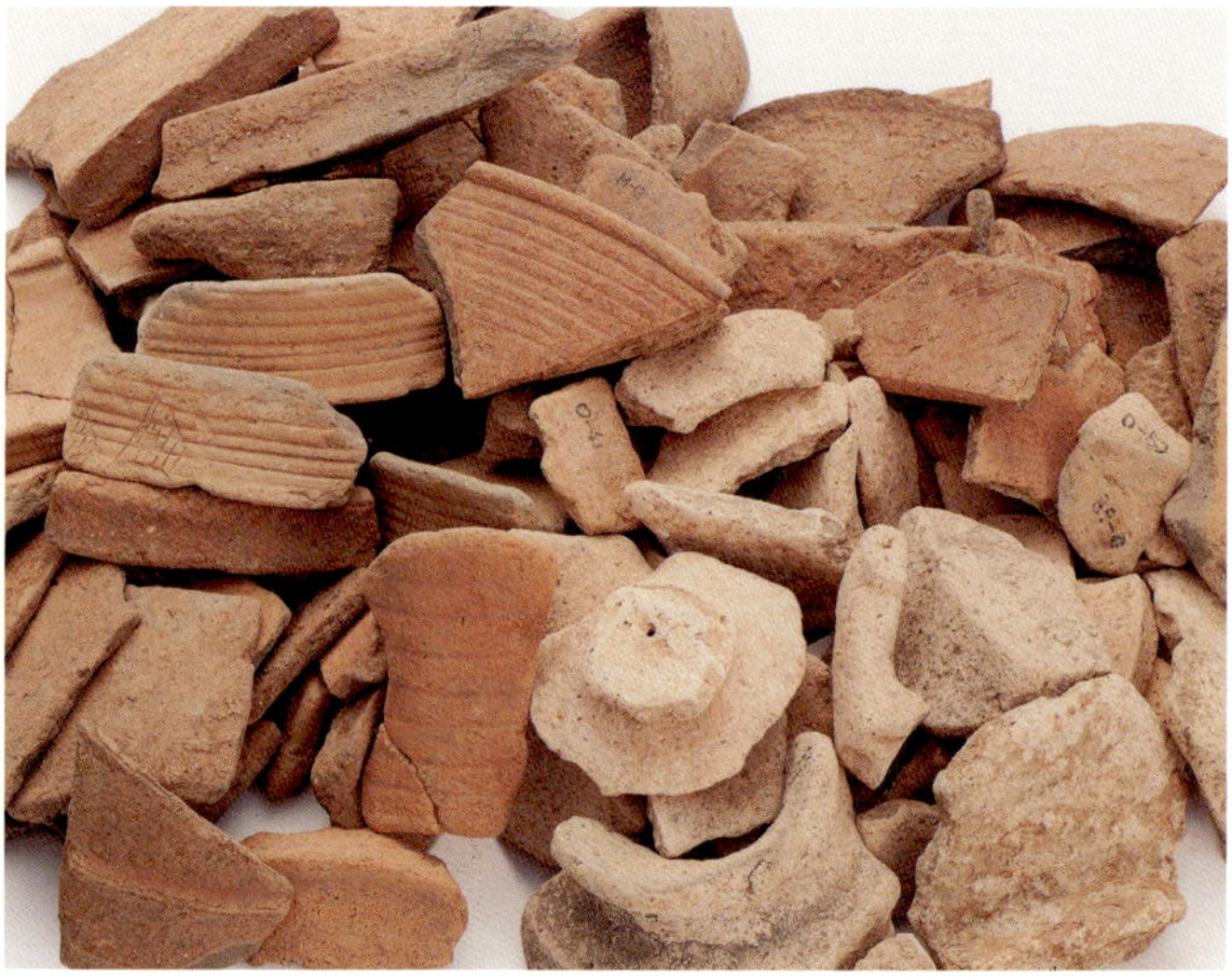

図4 ● **錦織さんたちが採集した土器**
その多くは4号墓のものと思われる。現在は出雲弥生の森博物館に保管されている。

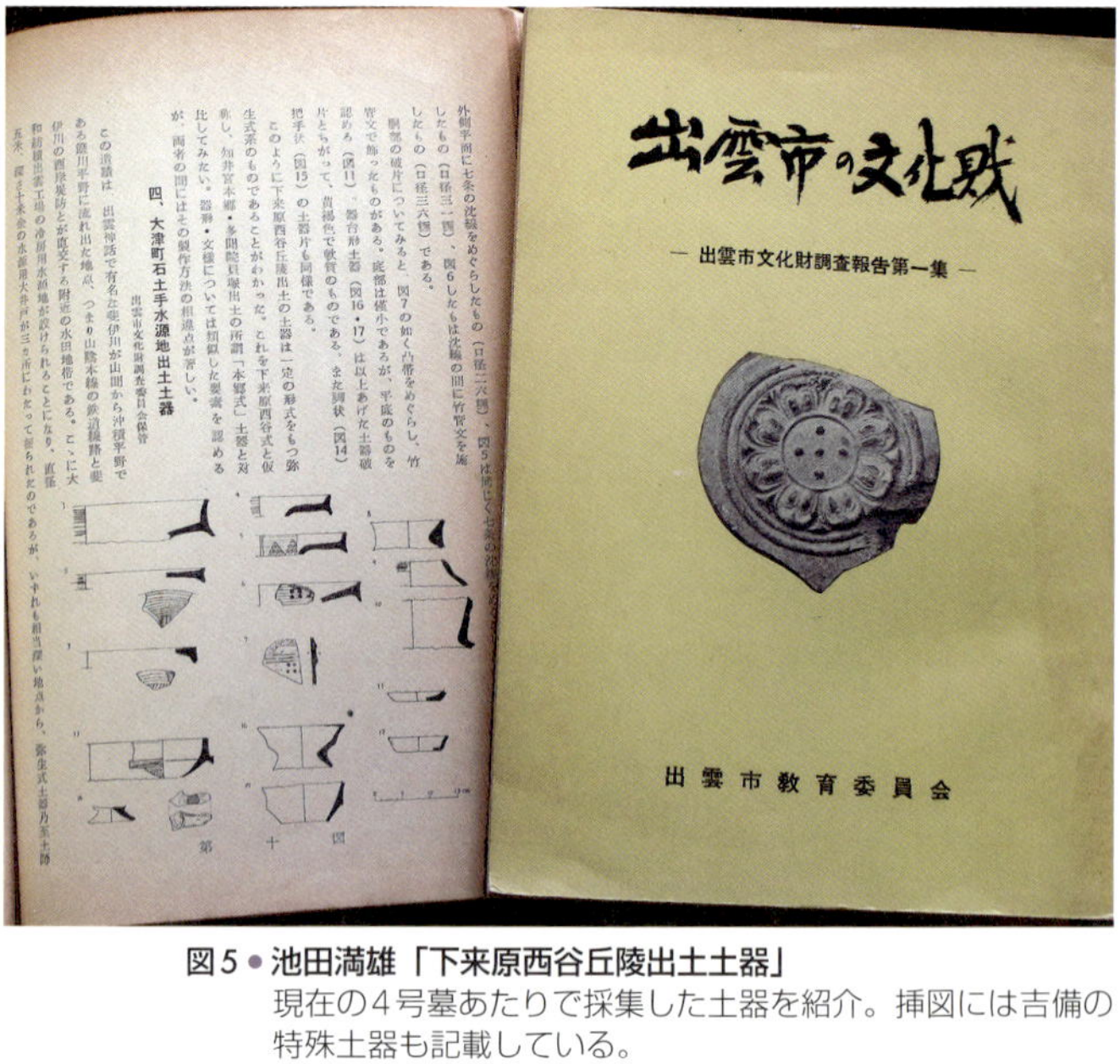

図5 ● **池田満雄「下来原西谷丘陵出土土器」**
現在の4号墓あたりで採集した土器を紹介。挿図には吉備の特殊土器も記載している。

池田さんの指導のもとで、中学生が鋭い問題意識をもってクラブ活動に取り組んでいる姿が、生き生きと伝わってくる。

遺跡が確認された一九五三年は、岡山県で地元住民と教師生徒、研究者が協力して月の輪古墳を発掘した年であり、翌年には岡山大学考古学研究室を中心として考古学研究会が発足するなど、歴史や考古学の国民的な学習運動が全国的に湧き起こった時期だった。戦前戦中の皇国史観とは違う新しい真実の歴史を求めて、各地で市民・教師・生徒などが一体となって地域史に取り組む大きな運動が進んでいた。池田さんも生徒たちもこのような時代の申し子であり、西谷墳墓群の発見もこうした戦後考古学の最初の高揚期の産物でもあった。

さて、池田さんは一九五六年、錦織さんが採集した土器とその後の発見品について、『出雲市の文化財―出雲市文化財調査報告第一集』に「下来原西谷丘陵出土土器」と題して報告した（**図5**）。土器の図を示して、遺跡が「比高四〇米の丘陵上に」あること、「一定の形式をもつ弥生式系のもの」であることに注目している。墳墓遺跡だという認識はまだなかったようで、今日西谷4号墓とよんでいる地点あたりに「西谷丘陵遺跡」という名前が付けられた。この遺跡が考古学者によって世に紹介されたのは、これが最初である。

なお、西谷丘陵では六二年に、現3号墓の南にあった萬祥山窯の陶土採掘地で火葬骨を入れた奈良時代の須恵器《すえき》が発見されている（**図6**）。出土状況などくわしいことは不明だが、今日、「西谷古墓」とよばれている遺跡だ。

図6 ● 西谷古墓出土土器の復元模型
実物の所在が不明なため、当時の実測図をもとに復元した展示用の模型。出雲弥生の森博物館所蔵。

2　四隅突出型墳丘墓の確認

池田さんが報告した西谷丘陵発見の土器に再び光をあてたのは、大学の後輩で、のちに池田さんとともに出雲地方の考古学を牽引することになる東森市良《ひがしもりいちろう》さんだった。山陰における弥生土器の編年作業を進めていた東森さんは、一九七一年、西谷丘陵遺跡出土土器の中に山陽地方特有の特殊器台や特殊壺が含まれていることを示して、この時期の山陰山陽間に交流関係があったことを明らかにした（図7）。

東森さんがこの論文を発表した七〇年代には、山陰の考古学は大きく前進した。とくに注目されるのは、四隅突出型墳丘墓《よすみとっしゅつがたふんきゅうぼ》という不思議な形をしたお墓の存在が認識されたことだろう（当時は古墳時代初期のものと考えられ、四隅突出型方墳などとよばれていた）。この種の墳墓は一九六九年に島根県邑智《おおち》郡瑞穂町（現・邑南《おおなん》町）で最初に注目され、翌年には安来市と松江市でも確認されていたが、七二年には、ここ西谷丘陵でも発見されたのだ。

その事情を追ってみよう。

西谷丘陵では七〇年に、前記した土器発見地の北方で新たに無墳丘の土壙墓《どこうぼ》と土器（古式の土師器《はじき》）がみつかっていたが、その後、丘陵の西半を大規模に造成して県立商業高校の敷地とする計画が浮上したため、予定地内の遺跡分布調査がおこなわれることになった。七一年に実施された分布調査には、県教育委員会文化財保護主事の門脇俊彦さんや前記した土壙墓の発見者でもある島根大学学生の西尾克己さんらが参加し、学校予定地内の丘陵を歩いて遺跡を探した。その結果、予定地内に遺跡は確認できなかったものの、前記した土壙墓とその南にある小墳丘の周辺が造成工事にともなって崩壊するおそれがあることがわかった。そこで急遽、出雲市を調査主体とする発掘調査がおこなわれることになった。

　調査では、尾根の北端近くにあった石棺墓《せっかんぼ》とその南の土壙墓（のちにそれぞれ「番外2号墓」「番外1号墓」とよばれることになる）、およびさらに南にある小墳丘が発掘された。

　この小墳丘はすでに半壊状態だったが、墳丘の南東側で立石《りっせき》と敷石《しきいし》からなる裾《すそ》まわりの石組み（配石《はいせき》構造）がよく残存し、そのラインが東方向に大きくカーブしてゆく様子が確認されたため、四隅突出型の墳墓であることがわかったのだ（**図8**）。墳丘上には埋葬施設の痕跡が四つ確認され、その位置を墳丘のほぼ中心と仮定すれば、全体の墳丘規模は一〇メートル内外の、

考雑五十七巻一号　　一八（一八）

2、凹線文は壺形土器において残るが、櫛描文を主体とし、平行沈線、波状文、ノ字文、羽状文、一部に鋸歯文がある。
3、施文帯は一般に整理され口縁から肩部まで、器台形土器においては上台、脚台、脚中央にある。
4、壺及び甕形土器の底部は一部を除いて丸底化の契機がみられ、小形丸底壺の祖形が現われる。
5、器台形土器は上台、脚台が幅広く外反し、脚が短かくなる。
6、器の表面は刷毛と篦によって仕上げ、内面頸部以下及び器台、高坏形土器においては脚部以下は篦による削り放し手法である。
7、器壁は薄くなり、甕形土器において著しい。壺、器台形土器の一部には丹塗りのものがある。
8、焼成は良好で緊緻なものが多い。
以上の他に的場土壙墓において、壺と器台の組み合せで出土したものに特殊例が認められる（第八図5・6）。壺は頸以上を欠失しているが、胴が扁平で極端に張り、最大径の部分に三条の凸帯をめぐらし頸及び肩に櫛による平行線と列点文を入れる。頸の径は小さく器形は西谷丘陵遺跡出土の壺に相通ずるものがある。器台は器形の上では、九重式の高坏及び器台(A)類に通じるものがあり、上台は複合口縁状に作り脚は細くしぼられ漏斗状に開いて脚台になる形式のものである。

脚部に上下三ケの円孔を三方にうがち、上台に櫛描平行線と鋸歯文、脚部にも同様の文様をめぐらしている。壺、器台いずれも丹塗りである。この特徴ある土器は、西谷丘陵遺跡→的場土壙墓→鍵尾A区第五号土壙墓の系列があり、的場式→鍵尾Ⅱ式の土器編年に対応している。

五、九重式土器の位置づけ

　ここに九重式土器として一括した土器は、これまでに九重式として報告されたのみでなく、知井宮Ⅲ式、福市第Ⅰ期、寺の脇B類土器として報告されている。その位置づけは大塚氏の知井宮Ⅲ式を除いて、いずれも次の時期との間に断絶を考えて弥生式末期の形式とし、その諸相よりして古式土師器への移行の要因を認め、それを「福市第Ⅱ期を生成した母胎」[11]「器形、技法その他において古式土師器への胎動ともいうべ

第九図　西谷丘陵遺跡の土器

き祖形的要素」[12]としてとらえられている。大塚氏の場合、「知井宮Ⅲ式土器は弥生時代から古墳時代へ移り変る重要な時期に当面する土器型式であって、にわかに帰属を決しがたい」と同様の把握をしつつも「後期弥生式土器にひきつづいて出現した土器型式であり、山陰地方のもっとも古い土師器と規定することによって出雲地方の弥生時代から古墳時代への変化を辿り、古墳を成立させる胎動期であったと理解しようと思う」[13]とされるところが決定的な違いである。ここで改めて九重式土器の特徴を挙げると、以下の通りである。
1、各器種にわたって複合口縁が展開する。口縁は内傾気味のものから外反気味のものへ移行して行く。
2、凹線文が多いが、一般に櫛描文への変化が起り、施文帯の拡大と共に多状化する。
3、壺、甕形土器の底部は器の大小を問わず平底である。但し、しっかりした界線を持つものは少なくなる。
4、器台形土器盛行の徴がある。
5、小形丸底壺はみられない。
6、器の表面は刷毛、篦なでによる仕上げ、頸部内面、器台、高坏形土器の脚部以下は篦による削り放しの手法をとる。
7、高坏及び低脚坏、壺形土器の一部は丹塗りで特別に丁寧な仕上げである。
8、胎土中にかなりの砂粒を含み大形品において著しい。

9、器壁は甕形土器を除いて、余り薄い仕上げとはなっていない。
10、焼成は良好、堅緻なものが一般的で色調は褐色乃至赤褐色を呈する。
　山陰においては九重式以降、的場(鍵尾Ⅰ)[14]式、鍵尾Ⅱ式、小谷（大東）式の序列を立てているが、九重式にみられることの特徴がどのように展開するかふれてみよう。口縁部の手法である複合口縁は、後期前半期には、くり上げ手法で、複合口縁的要素の芽生えがみえる程度であったものが、この時期には壺、甕を典形として器台及び高坏の上台、脚台にもとり入れられており、器台(B)類においては拡大の傾向がある。器台(A)と(B)は異質の系統とすることも不可能ではないが、諸要素よりして一つの形式的発展とみるべきであろう。この複合口縁の手法は、次の的場式において更に発展して行き、鍵尾Ⅱ式から小谷式まで盛行する。但しはっきりとした稜線を残すのは鍵尾Ⅱ式までである。文様の手法は後期前半には凹線文が盛行したが、九重式にひきつがれ的場式の壺の一部に残る。一方櫛描文がこれに代って現われ的場式で主流を占め、鍵尾Ⅱ式で退化しはじめる。文様帯は肩より上に限られ、平行線、波状文、ノ字文、列点文といった単純なもので、平行線が基本となる。なお地域によって文様の特性がみられ、九重式の東限と考えられる倉吉平野とその周辺では波状文が盛行する。櫛描文は的場式になると細く浅い線で多条化し、器台

九重式土器について　　一九（一九）

図7 ● 東森市良「九重式土器について」
『考古学雑誌』第57巻第1号に掲載。西谷丘陵遺跡発見の特殊土器について復元図を添えて紹介した。

小型の墳墓であったと推測される。

この墳墓は発掘当時、「来原《くりはら》1号墳」とも「西谷《にしだに》1号墳」ともよばれていたから、一帯はこのときまでに「来原古墳群」もしくは「西谷古墳群」とよばれていたことがわかる。調査の概要は担当した門脇さんによってまとめられ、当時の通説を反映して「また出た発生期の古墳」というセンセーショナルな表題で報告された（図9）。

これらの墳墓はのちに出雲市が再調査し、四隅突出型の墳墓も「西谷1号墓」として史跡公園内に保存されている。

さて、この調査によって墳墓群の重要性が県内の研究者に認識され、その後、県による分布調査がおこなわれたほか、前記分布調査のメンバーでもあった西尾さんらが折に触れ周辺の分布調査や測量調査を進め、また、地元研究者の樋野真司さんらによる熱心な踏査もあった。これらの成果は、一九八〇年に出雲考古学研究会が『古代の出雲を考える2　西

図8● 発掘された西谷1号墓
墳裾に立石の列がめぐり、その内側に敷石、さらにその上方に斜面の貼石が施されている。立石列は手前で大きくカーブしている。

谷墳墓群』としてまとめ公表した（図10）。

ところで、前記したようにこのころまでの島根県の考古学界では、四隅突出型の墳墓を古墳時代前期のものと考える者が多かった。しかし、山陽など各地で弥生時代から古墳時代にかけての土器編年や墳墓の研究が進んだ結果、それまで「発生期」の古墳とされていた四隅突出型など地域性の強い墳墓は、古墳の出現に先立つ弥生時代の墳丘墓すなわち弥生墳丘墓として把握するべきだとする考え方が多くの研究者の支持を得るようになっていた。こうした議論を主導した岡山大学の近藤義郎さんは、島根県の研究者が使っていた「四隅突出型方墳」ではなく「四隅突出型墳丘墓」という概念を使って、この問題を論じていた。

出雲考古学研究会による『西谷墳墓群』は、これらの新しい視点をこの墳墓群に適用しようとする意欲的なものだった。本書は冒頭でつぎのように宣言している。

また出た発生期の古墳

出雲市大津町下来原西谷の丘陵で
出雲平野の古代史をくつがえす発見

三月二十一日から一週間、出雲市大津町下来原西谷の丘陵で、出雲市教育委員会が県教育委員会の援助のもとに発掘調査した古墳が、先年安来市仲仙寺山で問題になり、仮指定、国指定、買上げとまでなった仲仙寺古墳や、それよりさき邑智郡瑞穂町で検出され、県指定になった順庵原一号墳などと同時期の、新しく見ても四世紀当初、古く見れば三世紀末といってよい、いわゆる発生期の古墳であることがわかったことは、たまたま時期を等しくして、大和飛鳥の高松塚壁画古墳の発見という大発見があったために、そのニュースの蔭にかくれてあまり大きな扱いは受けなかったが、学問的には決して見すごすことのできぬ大きなできごとであった。以下発掘担当者の県教委門脇文化財保護主事の手記によってその内容をうかがってみる。

門脇俊彦

一、発端

この古墳のある出雲市大津町下来原西谷の丘陵は、いわゆる西谷遺跡・長者原廃寺跡などの古代遺跡を持つ所として注目されていたが、この丘陵地帯は昭和三十九年の集中豪雨によって多くの地崩れを生じ、西谷一号墳の位置する丘陵も、西側斜面には少なからぬ豪雨禍の爪跡を留めている。

たまたま昭和四十五年の秋、地元研究者数名がこの地を踏査し、この古墳の北側約三〇メートルの丘陵上で、土壙墓らしいものの中に古式土師器壺が露呈していることを発見した。その後、この丘陵の西側へ県立出雲商業高等学校が移転することになったため、昭和四十六年四月二十八日、県教委として造成予定地域内の埋蔵文化財分布調査を実施したところ、前記古式土師器壺露呈地点は造成予定地域から東へ約一メートルはずれた位置にあることがわかり、さらにこれと並んで幾つかの古代墳墓の存在する可能性のあることも判明した。ところが、これら墳墓群の並ぶと思われる地点は、いずれも造成予定地からははずれているとはいえ、西側斜面が地崩れによって赤肌を露呈している関係で、降雨のたびに土砂が流失する状況にあり、遺跡破壊の危険にさらされていることもわかった。

一方、ここに存在すると思われる土壙墓群は、その露呈していた古式土師器壺から見て、古墳時代も古い時期に属するものと思われ、出雲平野における古墳時代究明のうえできわめて貴重な資料であると考えられた。そこで県・市教委ではこれを緊急発掘調査して記録保存する必要を感じ、県は補助金を交付

— 8 —

し、出雲市が調査主体者となり、調査担当を県教委の門脇文化財保護主事とし、昭和四十七年三月二十一日から同月二十七日にかけてこれを実施した。

二、北側の二基

調査は、丘陵上の三地点を対象として実施したが、そのいずれにおいても遺構の検出をみた。すなわち、最も高い南側の第一地点では四隅突出式方形墳が、その北側の地点では底に木棺を安置したと思われる土壙墓が、最も北側の地点では底に石棺を安置した土壙墓がそれぞれ確認された。今、これら三基の墳墓を南側のものから一・二・三号墳と呼ぶことにする。

1、二号墳

便宜上二号墳の方から先にのべる。この古墳は、丘陵上に土壙を掘り、中に木棺を直葬したものであった。土壙の大きさは、現状で上面長約二・二メートル、上面幅〇・七〜〇・九メートル、底面長二・一メートル、底面幅〇・五四〜〇・六メートル、深さ〇・三メートルの規模をもち、東北東〜西南西に主軸を置き、西南西側がやや広く、床面は東北東がやや下がっていて、西南西側に頭部を置いて遺体を安置していたものと思われた。この丘陵上は、二次的に土砂がかなり動いているとみえられ、土砂の流失量が不明のため、もとの深さは明らかでなく、また、土壙の西南西隅は地崩れによってこわされていて、原形を留めていないが、現況の状況からして約二・五メートル程度の長さをもつ細長い土壙であったろうと想像された。埋葬法については、壙の形態から見て壙底に木棺を安置して埋葬したものと考えられるが、木棺の質は腐蝕していてその痕跡をまったく留めてはいなかった。しかし土壙西南西端には古式土師器が副葬されていて、この土壙の年代を知る手掛りが残っていた。この古式土師器が以前に露呈した土師器であり、この丘陵の調査のきっかけともなった土師器であることがわかったわけである。

この土師器の出土状況についてみると、丘陵の土砂崩れの際に若干もとの位置から動いたものらしく、墓壙ベースよりも前下にずり落ちた状態で検出されたが、土器の保存状況は比較的良好で、細かくひび割れがしてはいるものの、ほぼ原形を留めており、器台の上に壺形土器を載せて副葬していたことを知ることができた。

副葬されていた土器類については、不整理のためまだ詳細には述べ難いけれども、壺形土器についてみると、頸部にアヤメキザミをめぐらしてはいるが、いわゆる5字形口縁には

— 9 —

図9 ● 門脇俊彦「また出た発生期の古墳」
西谷丘陵に四隅突出型墳丘墓があることをはじめて紹介した記念すべき報告。

私達は基本的に、西谷丘陵に存在する埋葬遺構を弥生墓と理解している。したがって旧来、西谷丘陵遺跡、来原古墳群などと呼称されたこの遺跡を「西谷墳墓群」と呼ぶ。よって、いわゆる「四隅突出」も「四隅突出型方形墓」と呼ぶことをまず断っておきたい。
……

近藤さんたちが使用していた「墳丘墓」という概念を避けて「方形墓」とした理由はよくわからないが、西谷丘陵の墳墓群を総称して「西谷墳墓群」と名づけたことや、各墳丘墓に付された番号は、今日まで引き継がれることになる。そして、分布調査にもとづいて、群内には一四基の墳丘をもつ墓があり、そのうち1・2・3・4号墓と6号墓、9号墓が四隅突出型であることなどを指摘した。

『西谷墳墓群』でもう一つ注目されるのは、遺

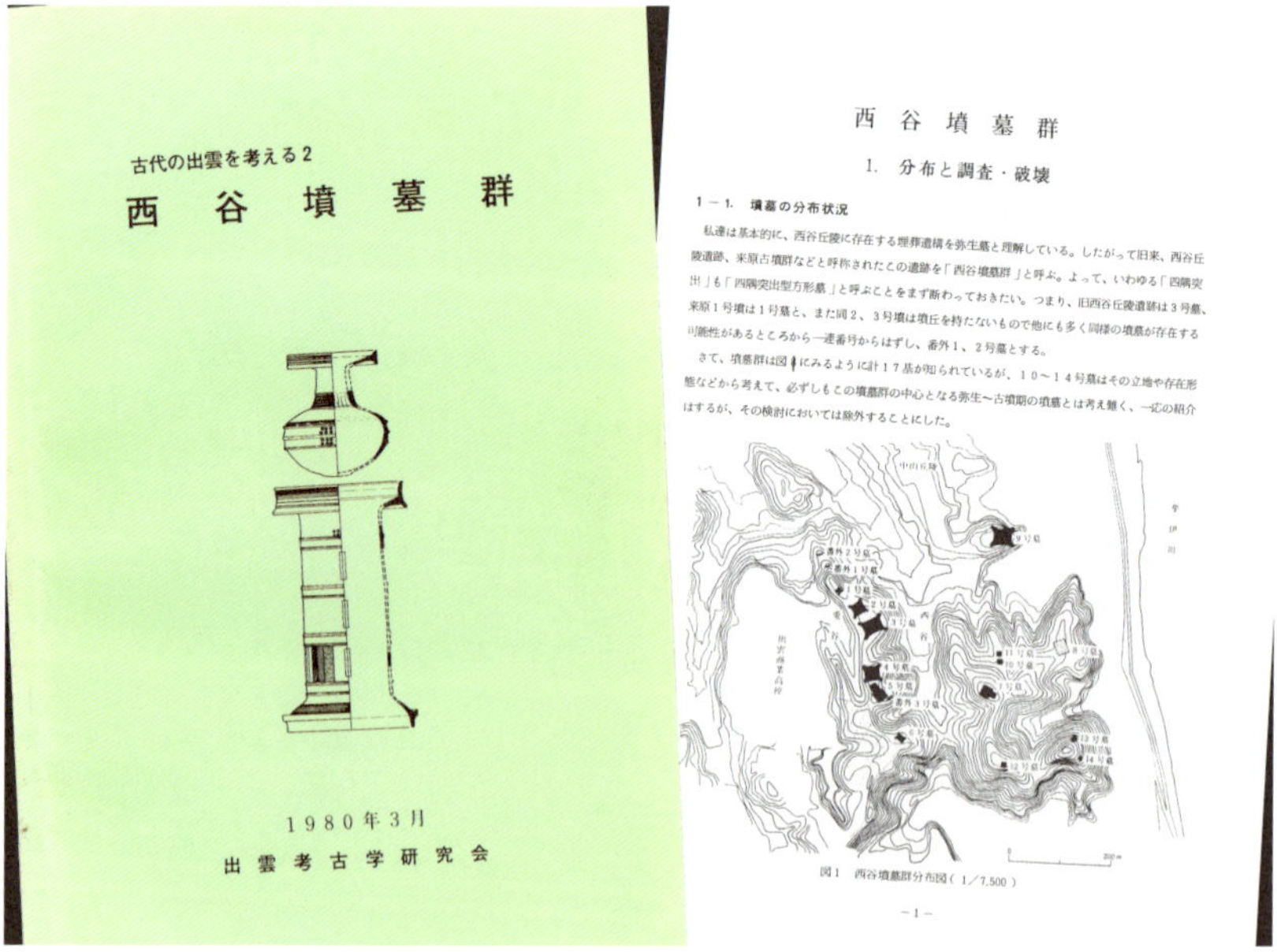

西谷墳墓群

1. 分布と調査・破壊

1－1. 墳墓の分布状況

私達は基本的に、西谷丘陵に存在する埋葬遺構を弥生墓と理解している。したがって旧来、西谷丘陵遺跡、来原古墳群などと呼称されたこの遺跡を「西谷墳墓群」と呼ぶ。よって、いわゆる「四隅突出」も「四隅突出型方形墓」と呼ぶことをまず断わっておきたい。つまり、旧西谷丘陵遺跡は３号墓、来原１号墳は１号墓と、また同２、３号墳は墳丘を持たないもので他にも多く同様の墳墓が存在する可能性があるところから一連番号からはずし、番外１、２号墓とする。

さて、墳墓群は図１にみるように計１７基が知られているが、１０～１４号墓はその立地や存在形態などから考えて、必ずしもこの墳墓群の中心となる弥生～古墳期の墳墓とは考え難く、一応の紹介はするが、その検討においては除外することにした。

図1　西谷墳墓群分布図（1／7,500）

－1－

図10 ● 出雲考古学研究会『西谷墳墓群』
墳墓群の全容を紹介した最初の報告書。民間の研究団体がコツコツと調査した成果だ。

跡の保全を訴えていることだ。西谷丘陵では戦後、南部の「兎谷《うさぎ》」の奥に用水池が造成され、六〇年ごろまでにその周辺一帯が大規模に開拓された（6号墓が大きく破壊されたのはこのときだ）。七〇年代には前記したように丘陵の北西部が学校校地として削られただけでなく、丘陵東端近くにあった大型墳墓（8号墓）のあたりが開発によって壊され、引き続きいくつかの開発計画が取りざたされるようになっていた。同研究会は周囲に迫るこうした破壊から遺跡を保護するよう提言したのだ。

この本は、その後の調査で訂正しなければならなくなった点も多いが、西谷墳墓群の研究史のなかで重要な位置を占めることは間違いない。

3　島根大学による発掘調査

島根大学に考古学研究室が創設されたのは一九八一年四月のことである。前身校時代を含め島根大学では、戦後四半世紀にわたって山本清先生による優れた考古学の研究がおこなわれていた（ちなみに、「四隅突出型」というネーミングは山本先生による）が、山本先生は本来、日本近世史を担当する教官であり、大学に考古学の専門講座はなかった。山本先生が退官して数年後、考古学の研究室を新設しようという機運が学内に起こり、七八年に筆者が赴任してその準備にあたることになり、八一年に考古学研究室が開設されて田中義昭さんが着任し、名実ともに考古学研究室の活動が始まった。

そこで両名は協議の結果、考古学研究室が取り組む最初の課題として四隅突出型墳丘墓など弥生時代終末の墳墓の問題を選び、地元の研究者や岡山大学の近藤義郎さんたちの協力を得ながら総合的な研究プロジェクトを立ち上げることにした。そして、この課題遂行のために実施する発掘調査の対象として白羽の矢を立てたのが西谷墳墓群だった。

このプロジェクトによる調査研究は八三年度から実施された。文部省の科学研究費補助金による三年間の調査を計画し、発掘調査は田中さんと近藤さんを総括責任者（代表）とする「西谷丘陵遺跡調査団」が実施し、筆者が調査担当となった。

三年にわたる調査では、まず3・4・9号墓の測量をおこない、保存が良好と判断された3号墓を発掘調査の対象とすることにして、墳丘と第1主体の発掘をおこなった。その後

図11 ● 発掘当時の西谷丘陵（1976年空撮写真）
図3とくらべると地形の改変状況がよくわかる。3号墓は林の中に隠れている。現在はさらに開発が進んでいる。

の調査と区別してこれを「第Ⅰ期調査」と称している。

その後一九八八年に、調査を再開して第Ⅰ期調査でやり残した諸課題に取り組むことになった。この調査は九二年にかけて実施され、3号墓の突出部や第4主体の発掘、および2号墓の測量などをおこなった。調査は筆者が団長となって島根大学考古学研究室の事業として実施されたが、これを「第Ⅱ期調査」とよんでいる。

第Ⅰ期調査の報告は、田中・渡辺編『山陰地方における弥生墳丘墓の研究』所収の「西谷墳墓群の調査（Ⅰ）」として一九九二年に公刊された。第Ⅱ期調査を含む全体の最終的な調査報告は、出雲市文化財課の坂本豊治さんたちの協力を得て『西谷3号墓発掘調査報告書』（島根大学考古学研究室・出雲弥生の森博物館）として二〇一五年に刊行された。

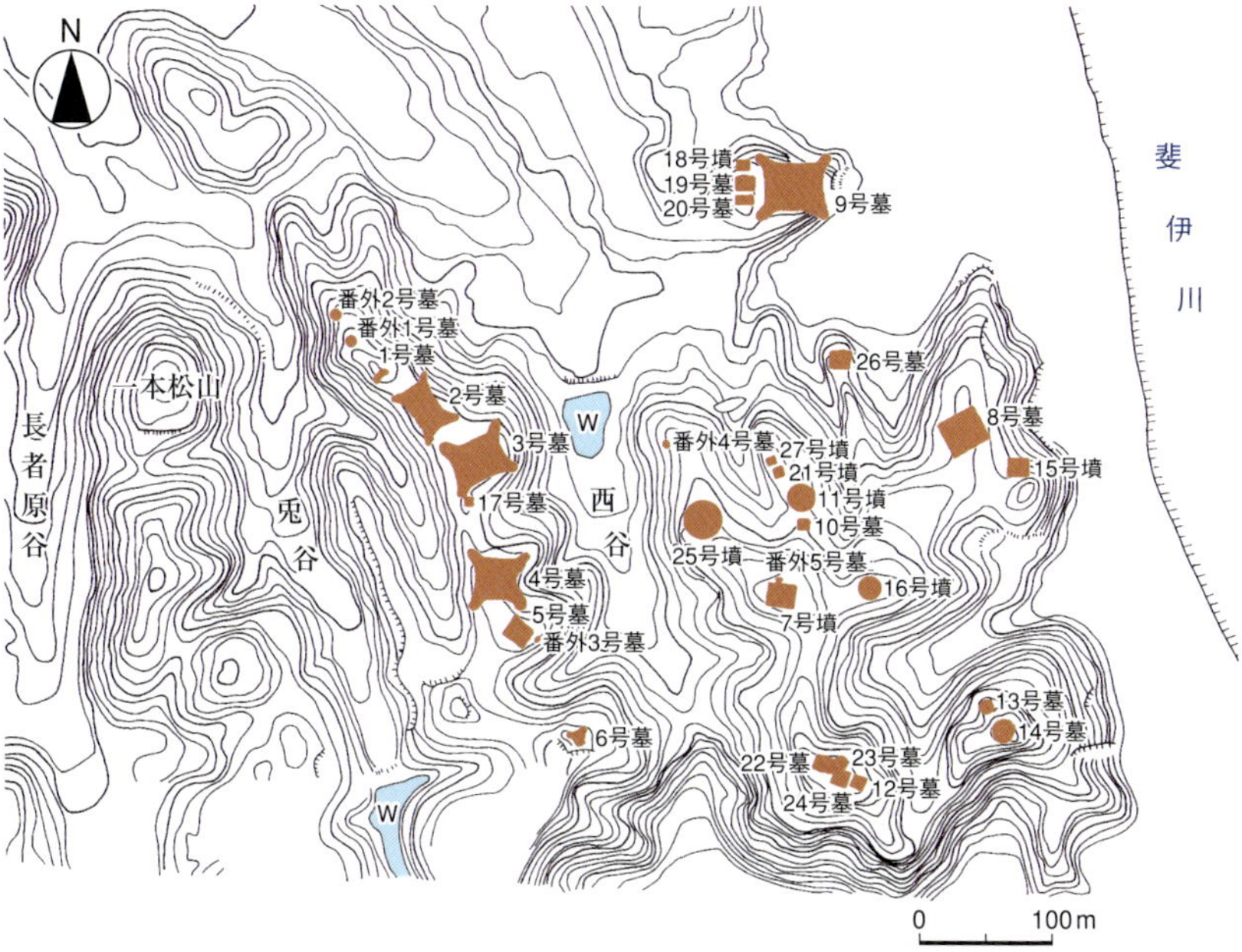

図12 ● 西谷丘陵の旧地形と墳墓の分布
地形は出雲市の都市計画図と高校造成工事のための測量図を合成して作図。範囲は図3や図11の空中写真とほぼ同じ。

西谷3号墓の発掘は超大型の四隅突出型墳丘墓に初めてメスを入れる調査だったから、いわば未知の世界に分け入るような困難な体験だった。たとえば、墳裾《ふんきょ》の配石構造はどのような実測図をつくるべきか、土器群の重なり具合をどのように記録するのか、埋葬施設の複雑な構造をくわしくつかむためにはどこにどのような発掘溝（トレンチ）をどんなタイミングで入れるのか、土色や土質の変化をどのように解釈するのか等々、参考にするべき既往の調査例はほとんどなかったため、発掘は試行錯誤と新発見の連続だった。

調査は結局、前後十年の長きにわたることになり、マスコミにも大きく取り上げられた。長

図13●発掘当時の西谷丘陵
商業高校の体育館からみた西谷3号墓と4号墓。
左寄りの林の中が3号墓、右手の林が4号墓。

図14●指導する山本清先生（右手前）**と近藤義郎さん**（左端）
両先生にはさまれて緊張しているのが筆者。後方右端にいるのが池田満雄さん（1985年）。

期の発掘を実現できたのは、多分野の研究者が援助に駆け付けたことや他大学を含む参加学生たちが献身的に頑張ったこと、さらに調査団の宿舎として本堂を提供した亀渕山西光寺《きえんざんさいこうじ》（吉田禪教《ぜんきょう》方丈）、土地所有者であった萬祥山窯元（日野武男さん・勁甫さん）、隣接する出雲商業高校など、地元関係者の全面的な応援があったお陰といってよい。

今では考えられないような足りないものだらけの貧乏発掘は、こうした地元の温かい支援を受けながら続けられた。一方、調査団も、広報紙を作って配ったり発掘成果の展示会を開いたりして、地元の人びとの厚意に応えるよう努めた。

それでは次章で、島根大学による西谷3号墓の調査成果を紹介することにしよう。

図15 ● 西光寺での記念写真（1984年）
後列中央が吉田禪教方丈。方丈との出会いがなければ、この調査は実現しなかった。

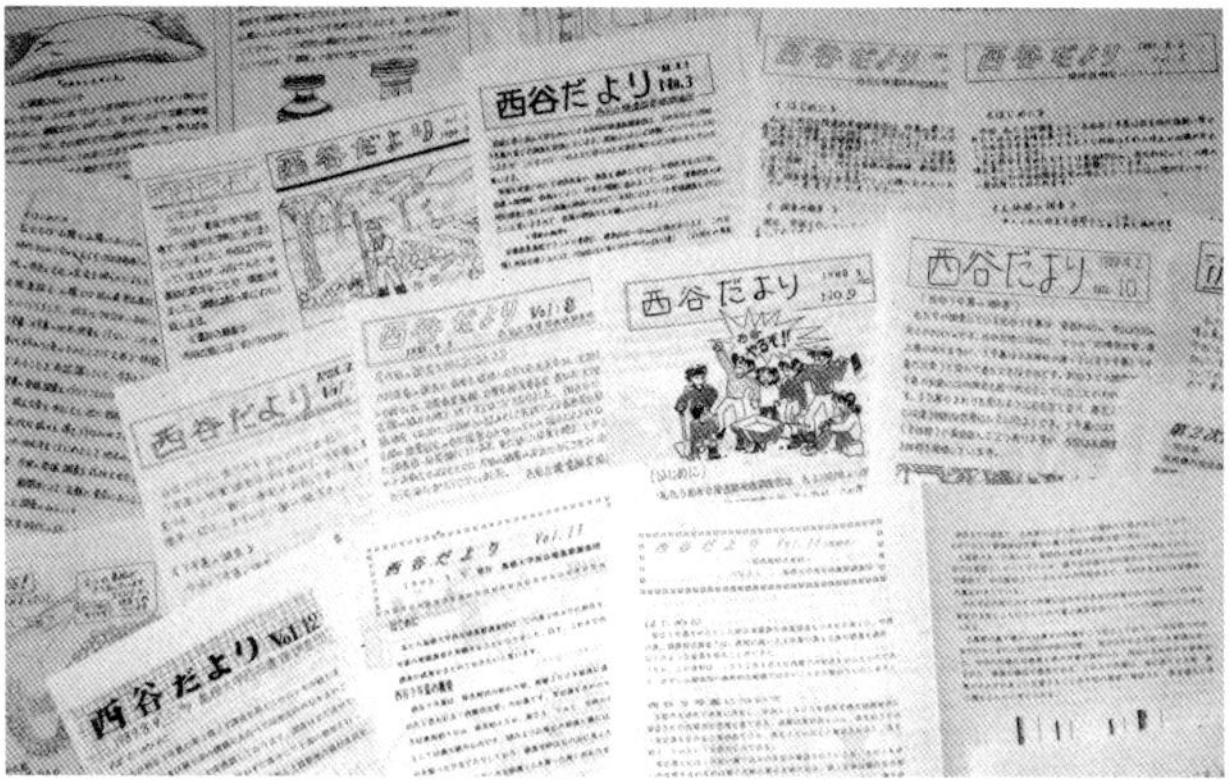

図16 ●『西谷だより』
地元に配布した手づくりの広報紙。14号まで発行したが、臨時のチラシや資料もたくさんつくられ、配布された。

第2章　発掘でわかった王墓の姿

1　白く輝く「コタツ」形の墳丘

西谷3号墓は、突出部を除いた墳丘主部の長軸が四〇メートル、短軸が三〇メートル、裾部からの高さは四・五メートル前後という超大型の四隅突出型墳丘墓だ。そもそも、こうした大型の四隅突出型墳丘墓は、元来どんな外観をしていたのか。西谷3号墓の発掘はこの問題に決着をつけることになった。

四隅突出型墳丘墓は長方形台状を基調とする墳墓で、斜面に貼石《はりいし》を施し、裾まわりに立石《りっせき》の列や石敷きのテラスなど入念な墳丘装飾（配石構造）をもつのが普通だ。西谷3号墓の場合は立石と敷石《しきいし》がそれぞれ二列あり、裾まわりに二段の犬走りがめぐるような配石をしている（図18）。

しかし、貼石は墳丘斜面の全面にあったのか部分的だったのか、四隅に突き出した突出部が

図17 ● **発掘前の西谷3号墓**（東から）
雑木林の中の隆然たる小山だった。頂上にはかつてお堂があり、それにともなう石垣が斜面に残っていた。

図18 ● **西谷3号墓の裾まわりの状況**
外側から立石─敷石─立石─敷石─貼石という構造が、墳丘全体をとり巻いていた。

方形台状の墳丘主部にどのように取り付くのかなどは、よくわかっていなかった。それまでいくつかの想像図が描かれていた(図19)が、西谷3号墓の発掘の結果、それらはいずれも正しくなかったことが判明した。

西谷3号墓では、貼石は墳丘斜面の下半にしか残存していなかったが、墳裾に大量の落石がたまっていたことから、本来は斜面のほぼ全面が貼石で覆われていたと推定できた。また、突出部から続く緩い凸面をなすスロープが墳頂にまで達しており、その面にも貼石があったことを確認した(図20)。つまり、方形台状の墳丘の四方の稜線部はいわば面取りされたようになって石敷きの斜道状をなし、その斜道が下方で突出部に連続していたのだ。わかりやすく言えば、方形台状墳丘の四方の稜が縁なしのすべり台みたいになっている、という形だった。そしてこの部分も含め、墳丘斜面には全面に貼石が施されていた(図21)。3号墓に使用された貼石の総数は、推計で二万五〇〇〇個におよぶ。

突出部から続くこの斜道は、墳頂部の埋葬と墳丘外とをつなぐ「墓道」という性格をもっていたのだろう。こうして四隅突出型墳丘墓の正確なイメージが復元できたことは、この種の墳

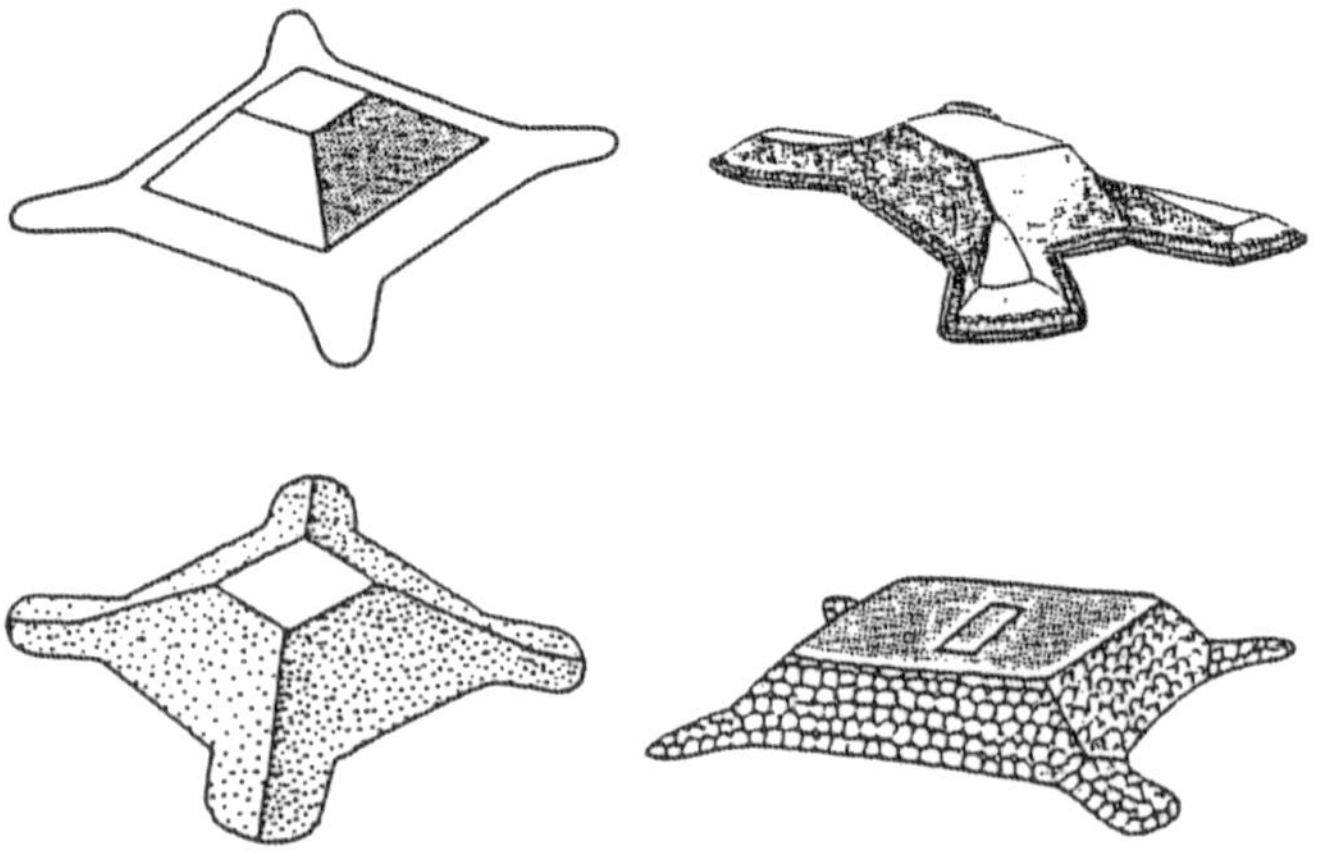

図19 ● 従来の四隅突出型墳丘墓のイメージ
墳頂と突出部のつながり具合がよくわかっていなかったため、墳頂の埋葬部へのアクセスが困難な復元になっていた。

墓の起源論にも影響を与えることになる。

全面に石が貼られた四隅突出型墳丘墓は、遠くから望むと、晴れた日にはピカピカ光ってみえたはずだ。当時、緑の山の中に巨大な人工物がつくられるというのは、まったくありえないことだった。これをみた当時の人たちは、山家《やまが》育ちの人が初めて都会の高層ビル群をみたような、あるいは山奥に着陸したUFOを目撃したような、そんな衝撃を受けたに違いない。

その後の各墳墓の調査結果から、西谷3号墓はこの墳墓群で最古の王墓であることがわかっている。だから、この墳墓が築造されたとき、人びとは山の中に突然出現した白亜の巨大墳墓を仰いで驚嘆するとともに、新しい強力な支配者の出現を視覚的に実感したことだろう。西谷3号墓はこのように、人民に「見せる墳墓」としてつくられた。墳丘墓にみられるこの特性は古墳時代まで継続することになる。

図20 ● 西谷3号墓の南西突出部
突出部から墳丘を見上げたところ。緩い凸面をなす突出部の上面にも貼石が施されている。手前はすでに崩落していた。

ところで、四隅突出型墳丘墓という用語はいかにも舌を噛みそうな長い八文字熟語なので、もっとわかりやすい説明はできないものかとかねがね思っていた。「ヒトデ形」「糸巻き形」「アメーバ形」などとよぶ人もいたが、ヒトデは五本足だし、糸巻きは形を知らない人が多いだろうし、アメーバではイメージすらつかめない。「コアラのマーチ形」はどうかという提案も受けたが、今一つしっくりこなかった。

発掘調査中のある冬の夜、宿舎のお寺でコタツに入っていた私は、パッとひらめくものがあった。そうだ、コタツ形だ。コタツに布団を掛けると、四方に斜めの面ができる。この形こそ、西谷3号墓の外形のイメージに近いではないか。

それ以来、私は講演などで「コタツ形」とか「コタツに布団を掛けた形」という言葉を使って四隅突出型墳丘墓のイメージを伝えるようにしたが、これはとても好評だった。ただし、低墳丘につくられた初期の四隅突出型墳丘墓のイメージにはほど遠いのが難点だ。

図21●島根県立古代出雲歴史博物館にある西谷3号墓の模型
古代出雲文化展（1997年）のために、西谷3号墓の発掘成果にもとづいて作製された。

2　王墓の祭具―葬祭土器と石主

西谷3号墓の墳丘上面には、少なくとも八つの墓穴（土壙《どこう》）が掘られていた。これらは内部に棺《かん》をおさめて埋めた埋葬施設（主体）だと考えられる。主体には確認順に番号を付け（**図22**）、そのうちの四つの主体（第1・第3・第4・第8）を発掘の対象とした。

八つの主体のうち他を圧倒する規模をもつのが第1主体と第4主体で（**表1**）、墳頂平坦面のほぼ中央に並んで掘り込まれていた。両主体とも土壙内の棺の外側には槨《かく》（外箱）が組み立てられており、入念な棺槨二重構造になっていた。

さらにこのうち第4主体は、墳丘のより中心近くに占地していて、つぎに紹介するように出土土器の数や立柱痕跡その他からみて、この墳丘墓で最も重要な人物を葬った場所と考えて間違いない。この時代は「偉いヤツほど深くに眠る」という原

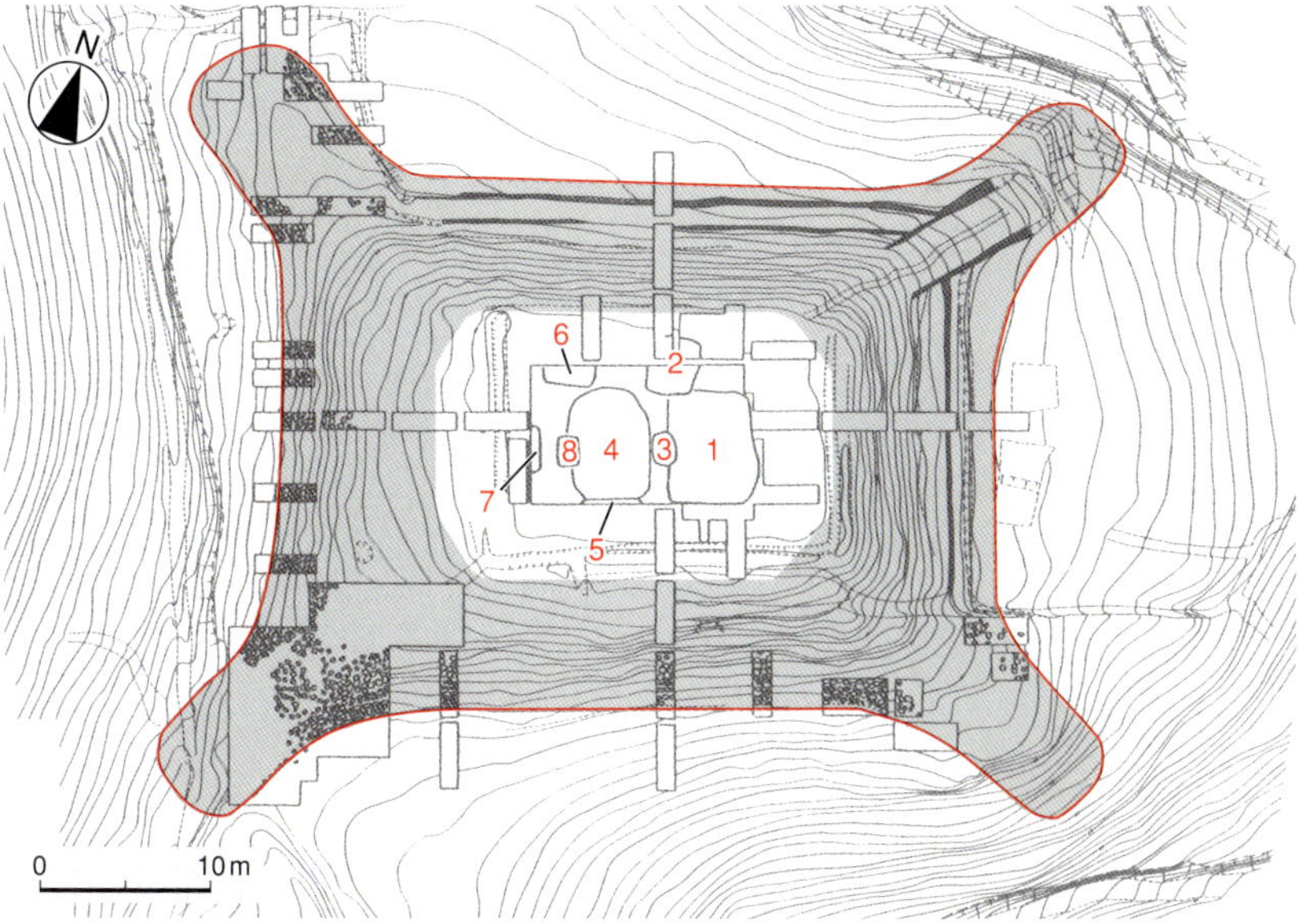

図22 ● 西谷3号墓の全体概念図
グレーの網かけは斜面の貼石と配石構造の部分。墳頂には8つの埋葬主体が確認された。数字はその通し番号。

則があるが、第4主体の中心棺槨はこの墳丘墓で一番深いところに埋められていた。西谷3号墓は出雲につくられた最初の超大型墳丘墓であり、第4主体の被葬者こそ、初代の出雲王とよぶにふさわしい人物だったと考えられる。

そこで以下では、第4主体を中心にその特色を紹介することにしよう。

第4主体の土壙の上からはおびただしい数の土器が出土した。土器片をつなぎ合わせて復元すると、二二〇個以上という驚くような数の土器が置かれていたことがわかった（ちなみに、第1主体の上からは一一〇個体以上出土）。内外面に朱（辰砂《しんしゃ》）が塗られた土器も多く認められ、意図的に割られたようなものはなく、すべてが完全な形のまま置かれていたと考えられる。

これら大量の土器は、棺槨をおさめて土壙を埋め戻した後でその上に置かれたものだが、その出土状態からすると、土器は足の踏み場もな

表1 ● 3号墓の埋葬施設の比較

	第1主体	第2主体	第3主体	第4主体主槨	第4主体副槨	第5主体	第6主体	第7主体	第8主体
土壙平面規模（m）	6.1×4.5	3.4×2.5	1.8×1.4	6.3×4.5	—	?×3.4	2.7×2.7	2.6×?	1.6×1.1
土壙排土量（m³）	12		1	16.5	—				0.7
壙底の標高（m）	44.73		45.06	44.40	45.25				45.40
棺上円礫	640 g		無	1.24kg	2.21kg				無
玉砂利	無		無	有					無
立柱	無		無	有					無
葬祭土器	110以上	有	無	223以上					無
槨の規模（m）	2.6×1.2		無	2.6×1.2	1.26×0.68				無
棺の規模（m）	2.2×0.9		0.93×0.45	2.3×0.8	0.96×0.53				0.86×0.37
棺内の朱	有		有	有	有				無

数値は概数や平均値を含む。空欄は不明を示す

図23 ● **第４主体の土器出土状態**（上）**とその復元**（下）
下は、土器の出土状態をもとに土器が置かれたときの状況を復元したものだが、土器は実際にはもっと密集していたはずだ。

いような密集状態で置かれていたようだ（図23）。土器は本来、埋葬後に執行された墓上の祭儀で飲食儀礼に使ったものと考えられ、私たちは「葬祭土器」とよぶことにしたが、それが祭儀の終了後に一括して土壙の上に集め置かれたということになる。

さて、集積した葬祭土器の取り上げ作業が終了すると、土器群の下から、つまり埋められた棺の真上の位置から、赤く塗られた円礫《えんれき》が顔を出した。円礫は、第4主体では二つみつかった。

一つは、土器群の下方にたまった多数の小礫（玉砂利）の下からみつかった。径一〇センチあまりのきれいな饅頭形の石（円礫1）で、表面には打痕や磨痕がみられ、ところどころに朱が付着していた。石を取り上げたところ下の土が真っ赤に染まっていた（図24左）ので、本来は全体に朱が塗られていたのだろう。この石は、まわりに玉砂利が積まれていたと推定される。

もう一つの石（円礫2）は円礫1の東方七〇センチあたりに置かれていた。こちらは大ぶりの自然礫を荒割り

図24 ● 第4主体の土器の下からみつかった円礫
右は円礫の検出状況（上方が円礫1、下方が円礫2）。左は円礫1のアップ。円礫下部の周囲の土が赤く染まっている。

POST CARD

恐れいりますが
切手をお貼り
ください

113-0033

東京都文京区本郷
2-5-12
新泉社

読者カード係 行

ふりがな		年齢	歳
お名前		性別	女・男
		職業	
ご住所	〒 都道府県 区市郡		
お電話番号	– –		

◉アンケートにご協力ください

・ご購入書籍名

・本書を何でお知りになりましたか

□書　店　□知人からの紹介　□その他（　　　　　）

□広告・書評（新聞・雑誌名：　　　　　）

・本書のご購入先　□書　店　□インターネット　□その他

（書店名等：　　　　　）

・本書の感想をお聞かせください

＊ご協力ありがとうございました。このカードの情報は出版企画の参考資料、また小社からの新刊案内等の目的以外には一切使用いたしません。

◉ご注文書（小社より直送する場合は送料１回290円がかかります）

書　名	冊　数

したもので、肉眼では朱の付着は観察できなかったが、後に、専門家の調査によって、この石にも朱が塗られていたことが判明した。

第4主体上の二つの円礫は、続く調査でこの土壙内から検出されることになる二つの棺椁（「主椁」、「副椁」と名づけた）の、それぞれ真上に置かれたものだったことが、これまた後に判明する（**図27参照**）。主椁の真上にあったのが円礫1、副椁の真上が円礫2であった。なお、第1主体でも第4主体上の円礫1を少し小さくしたような朱の付いた丸い石が一つ発見されている。

これらの円礫は、いったい何なのだろう。中国地方の弥生時代の墳墓では、土壙の上面にこのような石が置いてある例が多いことはかねてから知られており、これまでは墓標とか標石、もしくは朱をすり潰す道具（石杵《いしきね》）と解釈されてきた。しかし西谷3号墓の場合

図25 ● 円礫堆の復元の一案
第4主体の上にはこのような砂利の山があったと考えられる。その中央にある赤く塗られた石主が、どの程度顔を出していたのかはわからない。

では、この石の周囲には大量の土器があってみえなくなっていたのだから、墓標の役割は果さない。表面の打痕や付着した朱は、これが石杵としても機能したことをうかがわせるが、第4主体の円礫1は軟質で叩打には適さないと岩石学者が教えてくれた。朱を精製するなどの「所作儀礼」に用いた可能性は十分あるが、ただの道具だったとは考えにくい。

これらの石は赤く塗られ、棺内の遺体の胸あたりの真上の位置にセットされていたことを踏まえると、当時の人びとがこの石に特別な意味を与えていたと想像せざるを得ない。私はこの石を、葬られた人物の霊が憑依《ひょうい》した依代《よりしろ》と観念されたシンボリックな祭具だったと考え、神霊が宿るものを意味する「主《しゅ》」という言葉を使って「石主《せきしゅ》」と名づけた。この墳墓のもっとも中心的埋葬施設である第4主体主椁だけは、石主のまわりに玉砂利を積んで、小さな「円礫堆《たい》」をつくっていたわけだ（図25）。

3　王墓の祭儀――百人が参加する共飲共食儀礼

つぎに調査団を驚かせたのは第4主体における四本の太い柱跡の発見だった。もちろん木柱は腐ってなくなっているが、柱の跡が窪みになって残り、そこに多くの葬祭土器が落ち込んでいた。

柱は第4主体のほぼ中心を囲むように、後に判明したところによれば、地下の主椁を囲むように配置されていて、柱の芯あたりで測ると、東西二・八メートル、南北二・一メートルの、四・三のきちんとした長方形になる（図26・27）。それぞれの柱は太さおよそ五〇センチの巨柱だったと推定できる。発掘を進めた結果、それぞれの柱痕跡のまわりには直径一・二メートル前後、深さ一メートル近くもある円形の柱穴《はしらあな》（いわゆる掘形《ほりかた》）があって、その中央に円柱を立て周囲を埋めて固定していたことがわかった。

しかもこの柱穴は、疑いなく土壙を埋め戻した後に掘られていた。つまり第4主体では、棺槨を土壙内に埋めた後に、埋葬部を取り囲むように四本の「掘立《ほったて》柱《ばしら》」を立てていたことになる。さらにそれぞれの柱には、その外側に小さな柱穴がともな

図26● 第４主体の主柱穴（下）**とその埋土断面**（上）
主柱穴の柱の位置に学生さんに立ってもらった。その中央には石主（円礫１）が置かれている。左方の四角い土壙は発掘された第８主体。

っており、「添え柱」のようなものがあったことも判明した。長方形に配置された大きな柱を「主柱」、細い柱を「副柱」と名づけた（図27）。

以上の発見によって、西谷3号墓の上でおこなわれた葬送祭儀の様子が垣間みえてきた。中心埋葬である第4主体では、土壙内に棺槨をおさめて埋め戻した後、前記した配置の柱穴を掘って四本の柱を立て、添え柱を添えて、全体にさらに盛土して整地した。柱の上に屋根があったかどうかは、残念ながらわからない。

つぎに地下の主槨の真上、すなわち柱で囲まれた中央に朱彩した石主を置き、周囲に玉砂利を積む。副槨の真上の位置にも別の石主を置いた。おそらくこうした舞台設定をして、二二〇個以上の土器を使用しての祭儀を挙行したのだろう。

ここで問題になるのが葬祭土器の内訳だ。発掘当時から、土器の中に山陰の土器とは違う異系統の土器が多数含まれていることが注意されていたが、整理作業の結果、若干の不明品があ

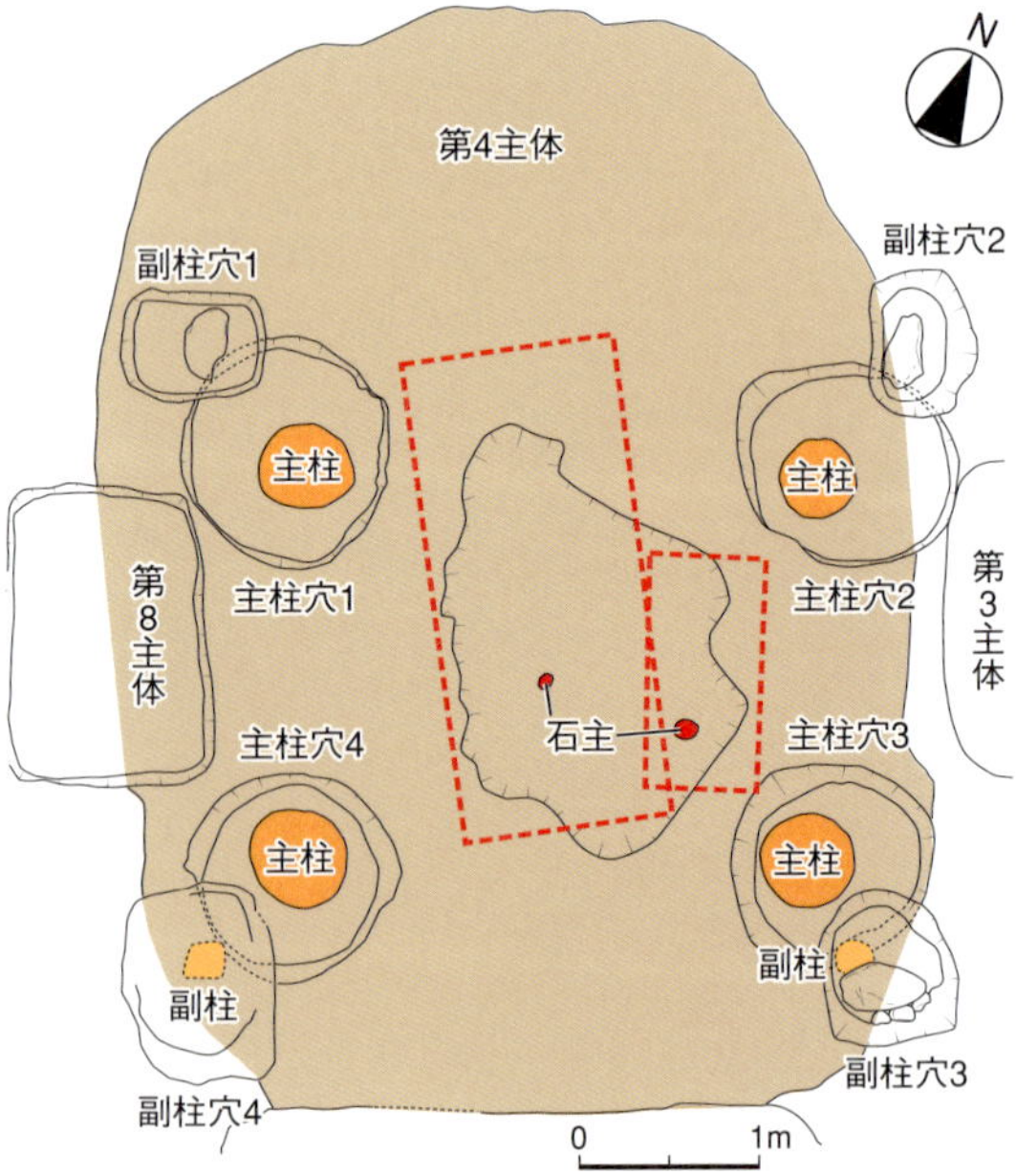

図27 ● 第4主体の柱穴と石主
赤の破線は地下の槨（左が主槨、右が副槨）のだいたいの位置を示す。それぞれ（おそらく遺体の胸のあたり）の上に石主が置かれていた。

出雲の土器
鼓形器台、低脚坏、壺の三点セット。器台の上に壺を載せ、坏は壺の蓋とサカヅキを兼ねる。

丹越系土器
器台と壺のセットおよび脚付き壺などからなる。

吉備の葬祭土器
吉備地方特有の加飾された大型葬祭土器。壺とそれを載せる大小の器台からなる。

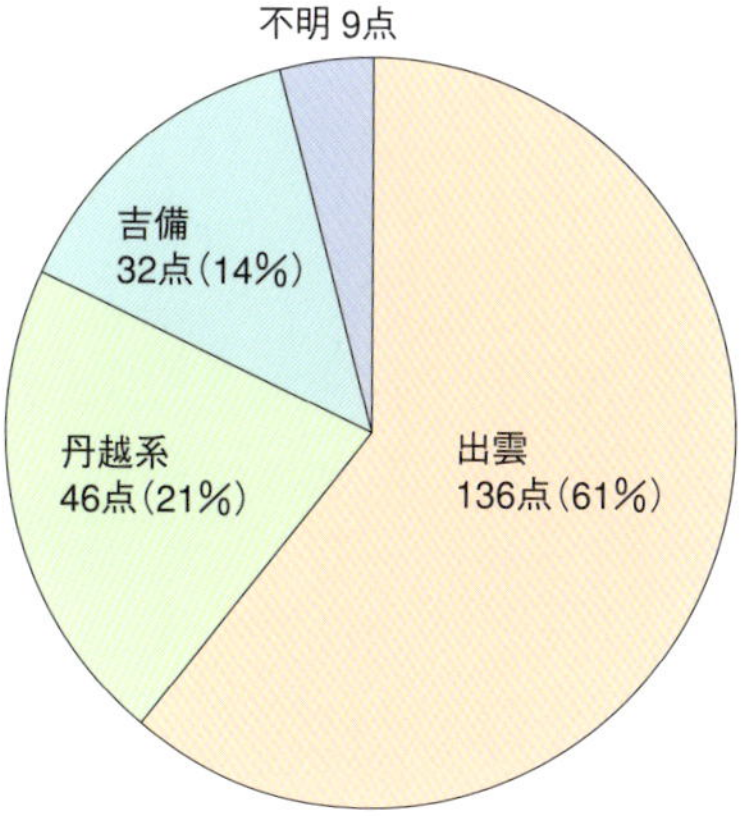

図28 ● 第4主体の葬祭土器
土器のグループごとに壺と器台の数はほぼ同じであり、墓上でも組み合わせて使用されたと考えられる。

るものの、大きく三系統の土器があることが判明した（図28）。最多の約六割を占めるのは地元出雲でつくられた土器で、鼓形器台《つづみがたきだい》・壺・低脚坏《ていきゃくつき》とよばれる山陰地方特有の三点セットがざっと四五セット前後あった。地元の土器がたくさんあるのは当たり前だ。

大型で発掘時にも目立っていたのが、特殊器台・特殊壺などとよばれる吉備《きび》地方特有の葬祭土器で、胎土からみて間違いなく吉備でつくられ、当地まではるばる運ばれてきたものだ。これがおよそ一四パーセント、少なくとも三二点あった。

さらに、二一パーセント、四六点以上カウントされたのが、私たちが「丹越《たんえつ》系」とよんだグループだ。これは近畿北部の丹後地方から越前、加賀などの北陸（越《こし》）にかけての地域の土器によく似ているが、しかし土器の胎土は山陰のもの、という不思議な一群だった。丹越地域の研

図29 ● 第4主体の祭祀イメージ（早川和子画、一部改変）
地下の主椁を囲む位置に4本の柱が立てられ、主椁・副椁の真上に石主が置かれ、それを囲んで各地からの参列者が飲食儀礼をおこなっている。

究者にもたびたびみてもらったが、本場のものとはやはり異なる、という回答だった。おそらく、丹越地域出身の人たちが出雲でつくったものなのだろう。

以上のことから、西谷3号墓第4主体でおこなわれた祭儀には、地元出雲の人たちだけでなく吉備や丹越地域から来た人びとが、それぞれの葬祭土器を持ち込んで参加していたという興味深い事実が浮かび上がってくる。次章でまたふれるが、地域間同盟の存在をうかがわせる一種の弔問外交の痕跡なのではあるまいか。

祭儀の実態に関してはくわしいことはわからない。地下に埋葬された亡き支配者の霊魂が宿る真っ赤な石主を囲み、王の霊とともに飲食する儀礼、いわば「直会《なおらい》」のような性格の儀礼だったのではないかと想像している（図29）。

土器の大部分は壺とそれを載せる器台などというセットになっていたことがわかるので、そのセットごとに一人の参列者がいたと仮定すれば、セットの数から祭儀参加者の人数を推測することができる。それによると、第4主体の祭儀には百人近くの人が参列したと推定できる。そして祭儀が終了すると、使用した葬祭土器を四本柱の内部に集めて後片づけしたのだ。なお、第1主体の祭儀参加者は五〇人近くと推定される。

立柱をともなう第4主体の祭儀と、第1主体の立柱のない祭儀との前後関係は、発掘調査そのものからは突き止められなかった。ただし、出土土器を詳細に検討した坂本豊治さんによると、第4主体の祭儀のほうがやや先行した可能性が強いという。

4　王の棺槨と王を飾った舶来品

第4主体の土壙内には大型の棺槨（主槨）と小さな棺槨（副槨）の二つが埋められていた。棺槨の材そのものは腐ってしまいほとんど残っていなかったが、一部採取したサンプルから広葉樹であったと推定される。

双方とも棺槨二重構造で、使用されたのは厚さ五センチないし八センチほどの板材だったことが突き止められた。副槨は主槨をおさめた後で二次的に添えた埋葬と考えられるので、ここでは、中心埋葬である主槨について説明する。

主槨は、掘り込み面からの深さ約一・四メートルの土壙内につくられた。土壙の底に掘った長方形の掘り込みの中に槨を組み立てつつ内部に木棺をセットしたもので、棺と槨の隙間に地山の固い土を詰めて固定しており、棺には数枚の板を用いて蓋をし、隙間を粘土で目張りしていた。おそらくその上には槨の蓋を置いていたはずだが、槨蓋の明確な痕跡はみつけられなかった。

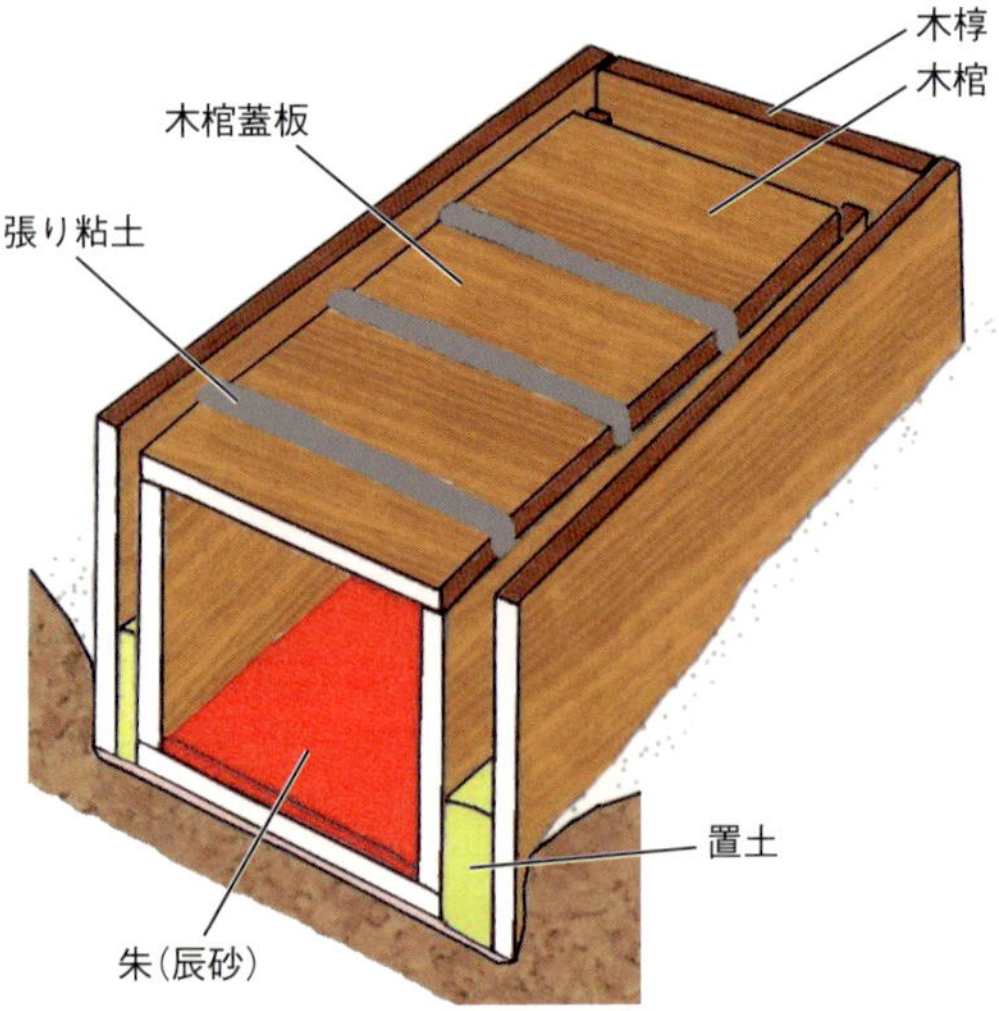

図30●第4主体の主槨の復元模式図
棺槨の側板が一枚板だったのかどうかは不明だが、棺蓋は数枚の板からなっていた。上に槨の蓋が置かれ、最終的にはすべて埋め戻された。

棺の内部には厚く朱（辰砂）が敷き詰められていた。朱は厚いところで四センチぐらい、薄いところでも二〜三センチあり、朱の総重量はおよそ一〇キログラムあった。西谷3号墓ではほかに、第4主体の副槨、第1主体、第3主体でも棺底に朱が敷かれており、総重量は三〇キログラムぐらいになると推定される。これらの朱は、専門家に分析を依頼したところ、いずれも中国大陸産の辰砂だという報告を受けている。

真っ赤な朱の面、つまり棺の中からは鉄剣一振《ふり》と一連のガラス管玉《くだたま》が出土した（図31）。鉄剣は現存長三九センチ、もともと木製の鞘《さや》と柄《つか》をそなえていたが、木質の遺存はあまり良くなかった。鉄の原材料は朝鮮半島産の鉄鉱石であることがわかっている。

ガラス管玉はいわゆる浅葱《あさぎ》色（明るい青緑色）をしていて、長さ二七ミリ前後、太さ七ミリ前後の二〇個が、本来の連珠状態をよく残して出土した（図32）。その状態から、被葬者が頸《くび》から垂らしてい

図31 ● 第4主体の主槨全景
朱で赤くなった部分が棺痕跡。その外側に棺を囲む槨の痕跡がある。左のやや高い位置にあるのは副槨。

た胸飾りだったと推定できる。左右に三角形をつくる独特の連珠形は、王のステータスを表現しているのかもしれない。また、頭を南に向けて葬られていたこともわかる。

驚いたのは、この管玉の材質だ。専門家の分析結果によると、ローマ帝国領域内で生産されたガラスを使ったソーダ石灰ガラスで、同様の組成のガラスはほかに西谷3号墓第1主体出土の管玉と同2号墓発見の管玉のみ、つまり弥生時代の日本列島では、ここ西谷墳墓群でしか発見されていない超レアなガラス製品だった。管玉として製品化した工房がどこにあったのかはよくわからないが、少なくとも素材は遠い遠い西方からもたらされたきわめて貴重な舶来品だった。

じつは西谷3号墓では、第1主体からもたくさんの玉類が出土している（図33）。第1主体では第4主体の管玉と同質同工のソーダ石灰ガラス管玉二二点のほか、鉛バリウムガラスや鉛ガラスなど各種のガラス製の玉類、さらに碧玉《へきぎょく》の小型管玉など、総計約二五〇点の装身具類が出土した。とくにコバルトブルーに輝く鉛バリウムガラスの二つの勾玉《まがたま》は珍品で、いまだに類

図32 ● 主槨のガラス管玉と鉄剣の出土状態
管玉群のすぐ上あたりに遺体の頭部があったと考えられる。剣は頭の横に置かれていた。

例は知られていない。第1主体の玉類もすべて舶来品と考えられるから、西谷3号墓の被葬者の舶来品へのこだわりとその量は尋常ではない（図34）。

棺内に厚く敷かれ、葬祭土器や石主にも塗られた水銀朱、剣の素材の鉄、王たちを飾り立てたアクセサリー、これらはすべて列島内では手に入らない貴重品だった。出雲王はどうやってこれらの品々を手に入れたのだろう。

舶来品のうちガラス製品については、報告書の中で小寺智津子さんが朝鮮の楽浪郡で手に入

図33 ● 第1主体の副葬品（上）とその出土状態（下）
下の写真で右下にあるのが第4主体のものと同様のガラス管玉。左上にはガラスの勾玉と多数の小玉を木製容器に納めて置いていたようだ。

れたという仮説を提示している。日本列島中央部が弥生時代中・後期のころには、漢帝国の植民地であり出先機関だった楽浪郡が極東アジアの文化拠点・物流拠点としても機能していたから、ガラスはもちろん、朱についてもここで交易されていた可能性は十分にあると思われる。

それが出雲人による直接交易だったのか北部九州などを介したものなのかは議論のあるところだろう。しかし、問題は交換財だ。これら貴重な文物を買い付けるために、出雲王の代理人たちは何を持参したのだろうか。

当時の出雲に、漢の官人や交易商人が垂涎《すいぜん》するような高級な特産品が豊富にあったとは考えにくく、取引に生口《せいこう》(捕虜・奴隷)が使われたことも多かったのではないかと思われる。『後漢書』には西暦一〇七年に倭国王が「生口百六十人」を漢皇帝に献じたという記事があり、『魏書』によれば三世紀にも倭国王の卑弥呼や壱与が魏に生口を献上しているから、その可能性は大きいのではあるまいか。

最近、難波《なんば》洋三さんは漢代における青銅や鉄など貴重文物の価格について興味深い検討をしている(「銅鐸の価

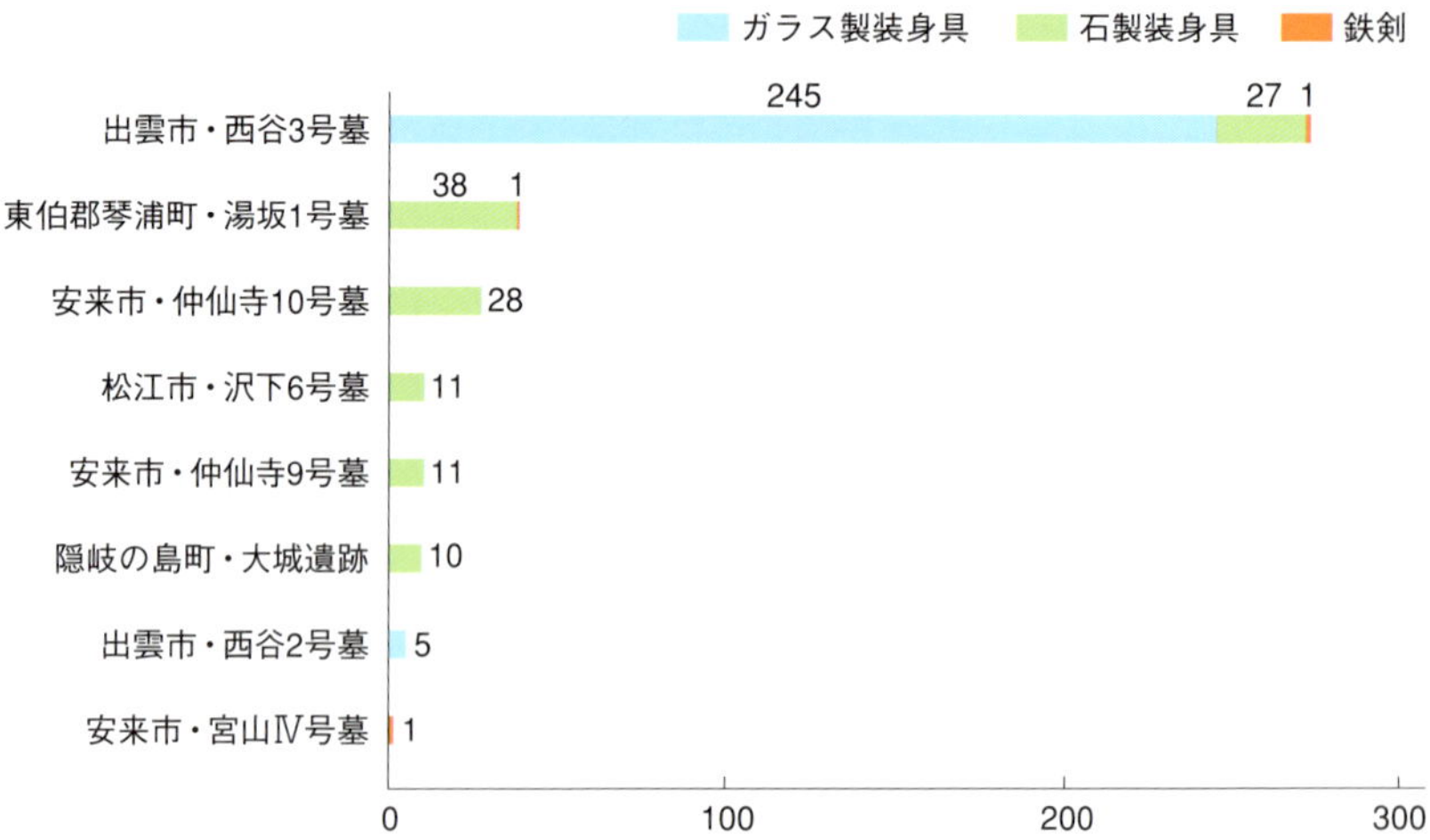

図34 ● 山陰の墳墓における副葬品の数と種類
弥生時代後期後葉〜終末期という時期で比較すると、西谷3号墓がいかに突出した存在なのかがわかる。

格」『季刊考古学』一三五号、二〇一六年)。それによると、辰砂（朱）はたいへん高額で取引されていて、西谷3号墓の朱の総量を三〇キログラムとすると、これは生口十人分に近い価格であったという。

西谷3号墓に使用された朱には、それだけでも大きな対価が必要だった。さらに大量のガラス製装身具などを手に入れるためには、かなりの数の生口が海を渡らなければならなかったのではないだろうか。いずれにしても、こうした財物の獲得が出雲王の権威を支えていたことは明らかだ。

第3章　西谷墳墓群が語る古代出雲

1　「西谷王朝」四代の王

現在では、西谷墳墓群は弥生時代後期後葉から古墳時代を経て奈良時代まで、ずっと墳墓の地として機能しつづけたことがわかっている。その中にあって、墳墓が巨大化したのは、弥生時代後期から終末期にかけての一時期だけだった。

西谷墳墓群には大型・超大型といってよいダントツの規模をもつ四隅突出型墳丘墓が四基ある（図36）。西谷3号墓の発掘調査が終わった後、市の教育委員会がこれらについても部分的に試掘調査した。各墳丘墓で土器などが出土し、それぞれおおよその築造時期が突き止められた。それによると弥生時代後期後葉の二世紀中ごろから弥生時代終末期の三世紀前半にかけて、

3号墓（第4主体→第1主体）→2号墓→4号墓→9号墓

という順番で推移したことがわかっている（図37）。

西谷墳墓群の大きな特徴の一つは、王墓といえるような特大の墳丘墓が同一丘陵の狭い範囲の中に代を重ねてつくられていることだ。古墳時代になるとこのような墳墓のあり方は当たり前になるが、意外なことに、弥生時代の大型墳墓ではほとんど例がなく、多くの場合、一基一基がかなり離れたところにつくられている。その意味では、西谷墳墓群は古墳時代を先取りした存在形態をしているということができる。

西谷墳墓群の四基の巨大墳墓を同一の王統に属する四代の王墓ととらえることができるなら、これを「西谷王朝」と仮称してもよいだろう。弥生時代後期後葉に出雲の地に登場した「西谷王朝」は、古墳時代の前夜までの百年ぐらいの間に四人の王を輩出した。四代目で王統が途絶したのは、前方後円墳の成立と古墳時代の開始という列

図35 ● 西谷墳墓群と出雲平野
写真下部が西谷墳墓群のある丘陵。右手にみえる斐伊川は、当時は平野の中を左（西）に向かって流れていた。

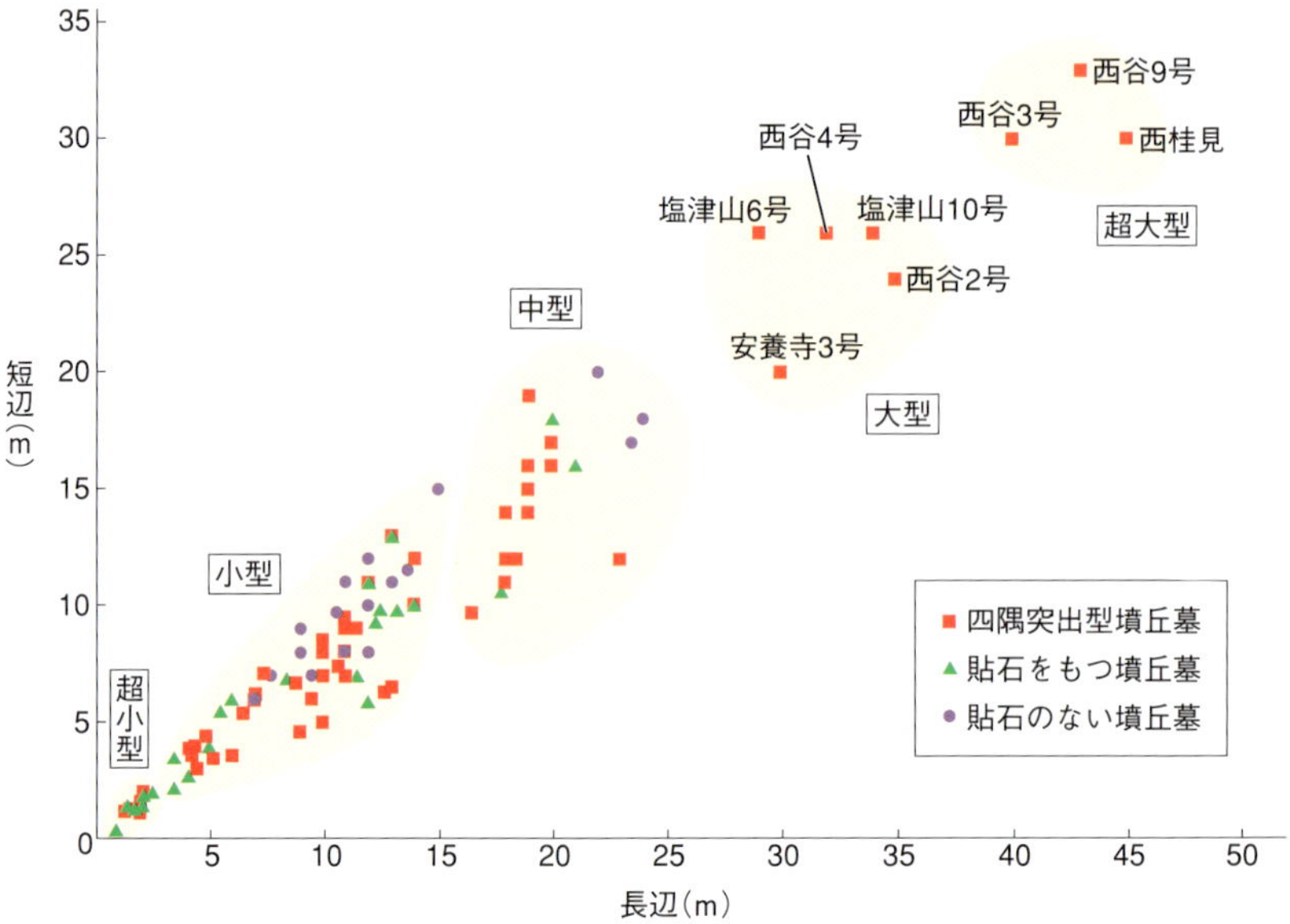

図36 ● 山陰・山間部における弥生墳丘墓の平面規模
四隅突出型墳丘墓は突出部を除いた墳丘主部の規模で表示。大型・超大型はすべて四隅突出型で、西谷墳墓群のほか、安来市の荒島墳墓群（塩津山6号・10号、安養寺3号）と鳥取市（西桂見）にある。

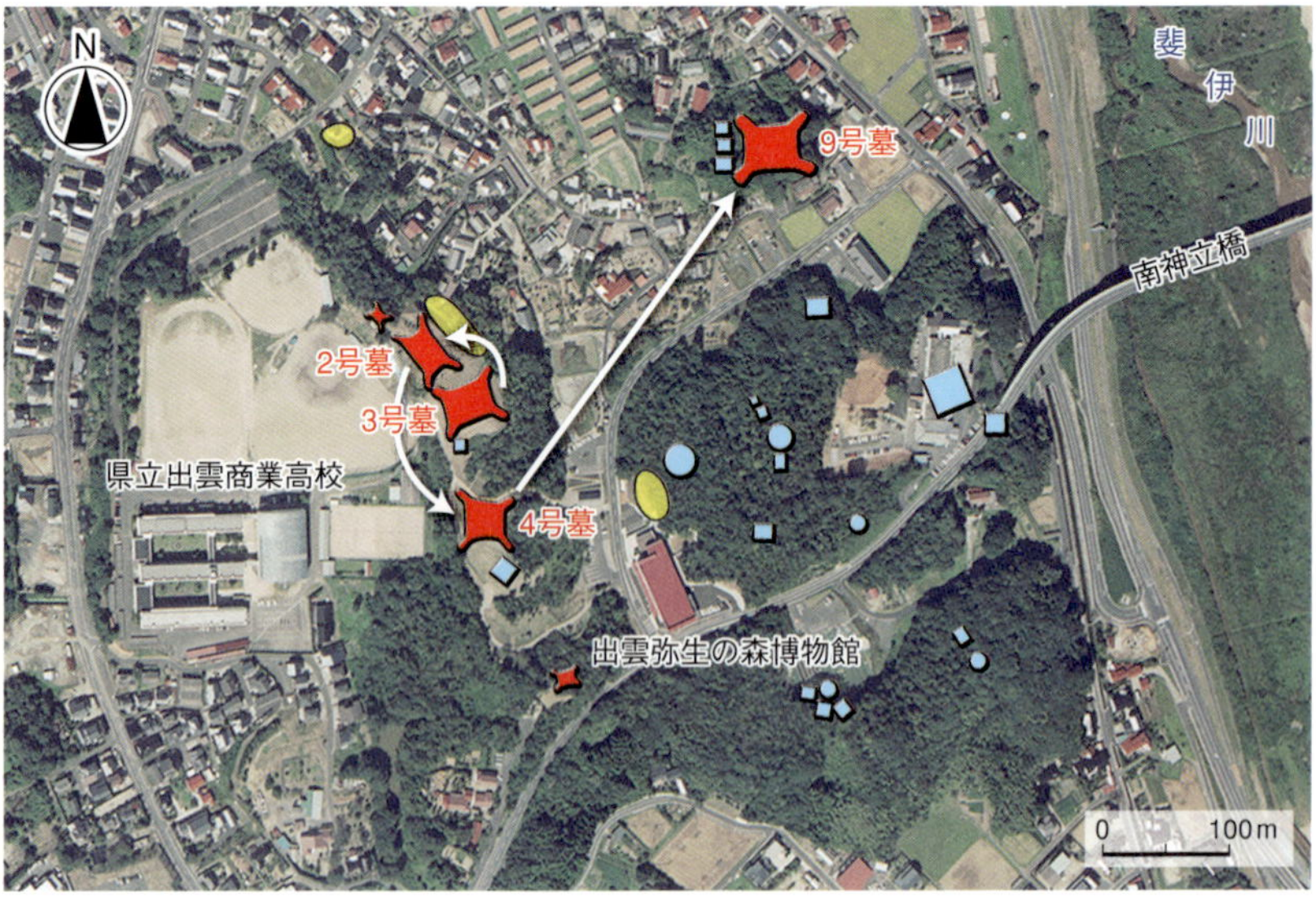

図37 ● 西谷墳墓群の王墓の変遷
巨大墳墓4基のうち最後の9号墓のみ、やや離れた隣の丘陵上につくられた。

島規模の政治動向とかかわってのことだろうと想像できる。

最後の王となった人物を葬った9号墓は群内で最大の規模を誇る。墳端部の発掘調査によって、墳丘裾まわりの配石構造は部分的に三段につくられていたことがわかっている（図63参照）が、これはほかに例がない。初代の3号墓と二代目の2号墓では、この部分は二段につくられており、三代目の4号墓は一段につくられていた。

墳裾につくられる配石の段数はなんらかのステータスを表現していると考えられるから、9号墓の被葬者はそれまでの王たちよりワンランク上の立場を主張していたのかもしれない。さらにこの王墓だけ、北東に三〇〇メートル離れた別の尾根上につくられ、斐伊川を直下に見下ろす立地となっている（図37）。9号墓の被葬者が、この王朝の中でそれまでとは違う特別な存在だと主張していたことがうかがえるが、それについてはまた後でふれることにしたい。

2　王の居館はどこに

古代出雲の繁栄をもたらした大きな要因の一つは、中国山地と島根半島（北山）のあいだのいわゆる「宍道《しんじ》低地帯」——現在の中海《なかうみ》・宍道湖の一帯——を利用しての安定した水運であったろう（図1参照）。その西部に位置する出雲平野は、三瓶山《さんべさん》の噴出物と斐伊川や神戸川《かんどがわ》の堆積作用によって縄文時代のうちに形成され、弥生時代になるといち早く稲作農耕が伝わり集落が形成された。

これらの集落遺跡はその後上流から運ばれた分厚い土砂におおわれてしまったため、まだその一部しか明らかになっていないが、これまでの調査で、西谷墳墓群の時代までには平野の各所に有力な集落が営まれていたことがわかっている。

出雲弥生の森博物館では、出雲平野の主要な集落遺跡をグループ化し、それぞれのグループが一つの農業集団としてのまとまりをなしていたと仮定して、それに仮のムラ名を付けた分布図をつくって展示している（図38）。この図を使って当時の様子を考えてみよう。

弥生時代の出雲平野は現在より狭かったことが、地質学者や地理学者の研究によってわかっている。平野の東には宍道湖が今より西に大きく張り出し、「古宍道湖」とよばれる水域をつくっていた。西寄りには大きな潟湖《せきこ》があって西に口を開いていた。この潟湖は出雲国風土記では「神門水海《かんどのみずうみ》」とよばれているが、これが日本海で結ばれた他地域からの物資と文化の流入口だった。また、潟湖には神戸川だけでなく当時は斐伊川の本流も流れ込んでいた。この二つの大河は、それぞれ中国山地の脊梁部に源を発し、その向こう側の備後《びんご》地域とを結ぶ重要な通路だったと考えられる。なお、斐伊川の下流が東向して宍道湖に注ぐようになったのは近世以降のことだ。

さまざまな経路で潟湖に入ってきた船は、荒波を避けつつ停泊し、潟湖沿岸や河川で直接結ばれた各集落に物資などを運び、そしてまた荷を積んで出ていったことだろう。当時、出雲平野が交通の要衝であり物流センターだったことは容易に想像できる。このことが、この時代の出雲を輝かせていたのだ。

さて、西谷3号墓の時期、出土品や遺構の質や量、外来系遺物の有無などからみて、ムラとしての活動がとくに盛んだったのは**図38**の「こしムラ」「しろえだムラ」「よつがねムラ」「なかのムラ」「とびすムラ」などだった。

このうち「よつがねムラ」は古くから有名な矢野遺跡を中心とした地域で、弥生時代のはじめに集落形成がはじまり、その後も一貫して平野内で拠点的な集落でありつづけた。西谷3号墓で発見された吉備の特殊器台と同様な土器も発見されており（**図39**）、王の居館をこの遺跡内に想定する意見もあった。

しかし、矢野遺跡からは西谷3号墓はよくみえない。西谷丘陵のすぐ西に七面《しちめん》山《さん》などの低丘陵があって北に張り出しているためだ（**図2参照**）。PCソフトの

図38 ● 出雲平野のおもな「ムラ」
集落遺跡をグループ分けして、仮のムラ名をつけて示した。出雲弥生の森博物館の展示用に、須賀照隆さんが中心となって作成した図。

「カシミール3D」などを使って調べてみると、ムラの北東部で山の端《は》ぎりぎりに3号墓がみえ隠れする、という程度なのだ。また、「こしムラ」と「しろえだムラ」からは墳墓群はまったく望むことができない。王の居館があったムラ――いわば王都――からみえないところやみえにくいところに、王墓をつくるだろうか。

西谷3号墓に登ってみると、広く開けた北側の眺望がすばらしい。西谷墳墓群の王墓は、この視野の中で生活する人びとにみせるべくつくられ、この視野の中に王都もあったのではないかと想像したくなる。とすれば、王都の候補は**図38**の「なかのムラ」と「とびすムラ」のいずれか、もしくは、この視界にある未発見の遺跡、ということになろう。

中野美保遺跡などの「なかのムラ」では、西谷3号墓とほぼ同じ時期の小型の四隅突出型墳丘墓がみつかっている。その下層からは、中期中葉にさかのぼる方形の貼石墓《はりいしぼ》も発見されており、近くに古くから有力なムラがあったことがわかる。

「とびすムラ」は北山山塊の南麓に展開した大きなムラで、山持《ざんもち》遺跡や青木遺跡を含む。山持遺跡では近年の発掘で朝鮮半島系の土器など外来系遺物が多量に出土し、中期後半から後期に

図39 ● 出雲市・矢野遺跡で出土した吉備の葬祭土器
西谷2・3・4号墓出土のものとはやや異なる文様のものを含む。なぜ集落遺跡から出土したのかは不明。

かけて、この周辺が環日本海をめぐる一大物流拠点だったとする説も出されている（図40）。

西谷3号墓から出土したガラス類をはじめとする多くの舶来品をみても、この時期の出雲は列島内外各地と盛んな交易をしており、これが出雲と出雲王の繁栄と安定に大きな役割をはたしていた。また、青木遺跡では発掘区内で四基の四隅突出型墳丘墓がみつ

図40 ● 山持遺跡から出土した朝鮮半島系遺物
これらのほか、北部九州、丹後、但馬、吉備など西日本各地の系統の土器も出土している。島根県埋蔵文化財調査センター『山持遺跡』の図をもとに作成。

かり、うち4号墓は山陰最古（中期後葉、**図41**）、1号墓は西谷3号墓とほぼ同じ時期であることがわかっている。

　こうした近年の知見をふまえると、出雲王の居館があったムラとしては「とびすムラ」がもっとも可能性が高い、というのが私の意見だ。今は、「とびすムラ」のあたりから西谷墳墓群をみようとすると、当時はなかった斐伊川の土手（通称「若狭《わかさ》土手」）や住宅群が

図41 ● 出雲市・青木4号墓の墳裾
山陰最古の四隅突出型墳丘墓。コーナー部に「踏石状石列」があり、その先端が墳裾から少し突き出ている。

図42 ●「とびすムラ」から望む墳墓群の想像図
カシミール3Dを使って作図すると、そのインパクトの強さがわかる。

邪魔をしているが、土手に上れば、真南の方向に公園化された王墓群をはっきりと望むことができる（図42）。

3　四隅突出型墳丘墓の変革

四隅突出型墳丘墓は、弥生時代の中期後葉に広島県北部の山間地で出現したと考えられている。初期のものは低い長方形のマウンドの斜面に石を貼り、四方の稜線に横位に置いた石を直線的に並べるのが特徴だ。

この稜線上の石を「踏石状石列《ふみいし》」とか「ステッピング・ストーン」とかよんでいるが、墳裾を区画する石列が踏石状石列の部分で途切れている例があるので、ここは墳墓の入口であり、踏石状石列は墳丘上の埋葬部と墳丘外とをつなぐ一種の「墓道」とみなされていたと考えられる。踏石状石列の先端が墳丘外にのびると、これが突出部となるわけだが、初期には、四方の突出はほとんどないか目立たない（図43）。四隅突出「形」ではなく「型」と称する理由の一つだ。

図43 ● 広島県三次市・殿山38号墓（中期後葉）
最古級の四隅突出型墳丘墓の一つ。稜線の踏石状石列の下端で、墳裾の立石列（右側は破壊されている）が途切れている。

このような初源の姿に着目して、私は四隅突出型墳丘墓を「方形墳丘の稜線を墓道とする貼石墳丘墓が特殊化したもの」と定義してみた。「特殊化」は「分化」を意味する生物学用語の借用で、ここでは、新しい独自の墓制が生まれることを意味する。いわゆる突出部は、もともとそこを出っ張らせることに意味があったわけではなく、墓道の部分を長大化させることによって二次的に生まれたものだが、のちに長大化・肥大化し、この種の墳墓のユニークな特色になった（**図44**）。

この新しい墳墓のコンセプトはあまり間をおかず山陰にも広がったようだ。前記した青木遺跡の4号墓は、初期の四隅突出型墳丘墓の特徴をよくそなえている。

後期になるころには形式化・象徴化が進んだらしく、踏石状石列のない突出部がつ

図44 ● 多様な四隅突出型墳丘墓
とくに突出部の形状はバラエティーに富んでいて、同一の墳墓でも四方向すべてが同形とは限らない。踏石状石列は当初からみられるが、中国地方山間部では右中央のように消失してしまうらしい。

くられたりする。鳥取県の洞ノ原1号墓では同じ墳丘に、踏石状石列をもつ突出部とカタチだけの形式化した突出部がつくり分けられている（図45）。ここでは、墳丘の入口は一つだったのかもしれない。

その後、とくに山陰で突出部の長大化が進む（図46）が、踏石状石列の伝統は墨守され、それは少なく

図45 ● 鳥取県米子市・洞ノ原1号墓（後期前葉）
踏石状石列は北の突出部だけにみられ、他の三方は石を無秩序に詰めて突出部をつくっている。

図46 ● 鳥取県倉吉市・阿弥大寺1号墓（後期中葉）
長くのびた突出部が特徴的。その上には踏石状石列が並び、山間部でつくられた四隅突出型墳丘墓の伝統を引き継いでいる。

とも西谷3号墓の時代まで続く。出雲市の青木1号墓では、三方の突出部の中軸線に一条の踏石状石列をつくっていた（**図47**）。しかし、西谷3号墓では（調査できたのは南西突出部だけだが）残念ながら踏石状石列を確認することはできなかった。なお、ここではくわしくふれられないが、この時期の大型四隅突出型墳丘墓の突出部がどのようなつくりになっていたかについては、必ずしも完全に明らかになっているわけではない。

さて、このような四隅突出型墳丘墓の歴史のなかで、西谷3号墓の築造はきわめて重要な意味をもった。それは墳丘規模の突然の巨大化と、それにともなって新しい墳丘装飾を確立したことだ。

墳丘の規模については**図36**に示したとおりだが、このグラフで大型、超大型とした墳墓は、時期がわかるものはすべて、西谷3号墓とほぼ同時期かそれ以降のものだ。支配者の墓は徐々に大きくなるのではなく、あるきっかけで突然巨大化する。巨大な墳

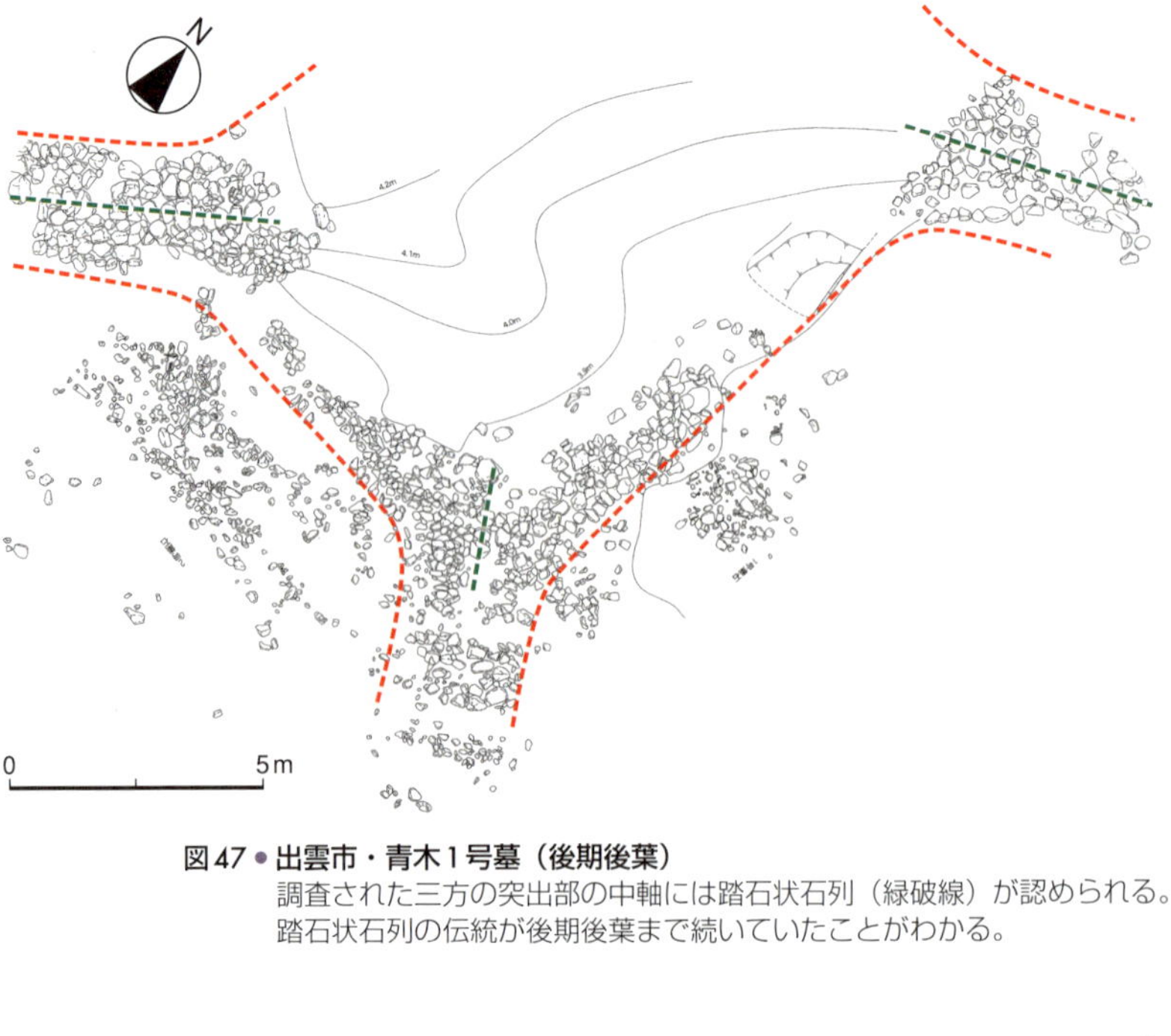

図47 ● 出雲市・青木1号墓（後期後葉）
調査された三方の突出部の中軸には踏石状石列（緑破線）が認められる。
踏石状石列の伝統が後期後葉まで続いていたことがわかる。

墓の出現は、強力な支配者、すなわち王の出現を反映したものだろう。

このグラフからもわかるように、山陰の弥生時代墳丘墓には、突出部をもたない四角いものや貼石があったりなかったりというように、各種のものがみられる。しかし、西谷3号墓の時期以降、大型の墳墓は例外なく四隅突出型になる。四隅突出型墳丘墓を上位に格付けし、さらに墳墓の形態や規模で社会の秩序を表現するような一種の社会システムが生まれていたと考えられる。

新しく出現した巨大な墳墓は、それに相応しい墳丘装飾をそなえる必要があった。四隅突出型墳丘墓では、出現期以来、墳丘裾まわりに立石もしくは縁《ふち》石《いし》をめぐらせ、その内側のテラスに敷石《しきいし》したりするのが通例だった。墳墓をいかめしく区画する装置だったのだろう。前章でも紹介したように、西谷3号墓ではこれらのうち立石と敷石を組み合わせて犬走り状の構造とし、それを二段にめぐらせて裾まわり

図48 ● 安来市・仲仙寺9号墓（後期後葉）
出雲東部の荒島墳墓群にある中型の四隅突出型墳丘墓で、
二段の配石構造をもつ。

の配石とする荘厳なスタイルを創出した。

この配石構造は、この時期以降の出雲の有力な四隅突出型墳丘墓では定番の仕様になる。つまり、西谷3号墓のスタイルが以後の四隅突出型墳丘墓の基本モデルになった。ただし、立石・敷石の段数については、墳墓によって一段から三段のバラエティーが認められる。なお、出雲でも比較的小型の墳丘墓では、縁石とその上の石敷きテラスという墳裾構造—これは中国地方各地で共通してよくみられる—をもつものもあり、四隅突出型墳丘墓の多様性がなくなったわけではなかった（図49）。

4 墓上祭儀の確立

西谷3号墓の発掘成果でもう一つの重要なことは、墓上の祭儀の実態が具体的に明らかになったことだ。西谷3号墓における墓上の祭儀については前章で紹介したが、その基本はつぎのようなことだった。

図49 ● 広島県北広島町・歳ノ神3号墓の配石構造（後期中葉）
出雲を含め、比較的小規模な四隅突出型墳丘墓によくみられる配石構造だ。

①祭儀は、棺や椁を土壙の中に埋めた後に、その上でおこなわれる。
②棺椁の真上に石主を置く。
③土器を使用する祭儀をおこなう。それはおそらく飲食儀礼だったろう。
④祭儀の終了後、使用した土器を中央に集めて片づける。

第4主体の場合では、四本柱の施設が用意されたり、石主が小さな砂利の山をともなっていたりというオプションがつき、また、祭儀参加者がきわめて多人数であったと推定される点も特記されるが、基本はこの四点だ。

山陰地方の弥生墳墓では、埋葬施設の上から土器が出土する例が多いことは従来から知られていた。しかし、これまでは祭儀を復元できるような資料はほとんどなかったし、墓壙上から土器が出土し

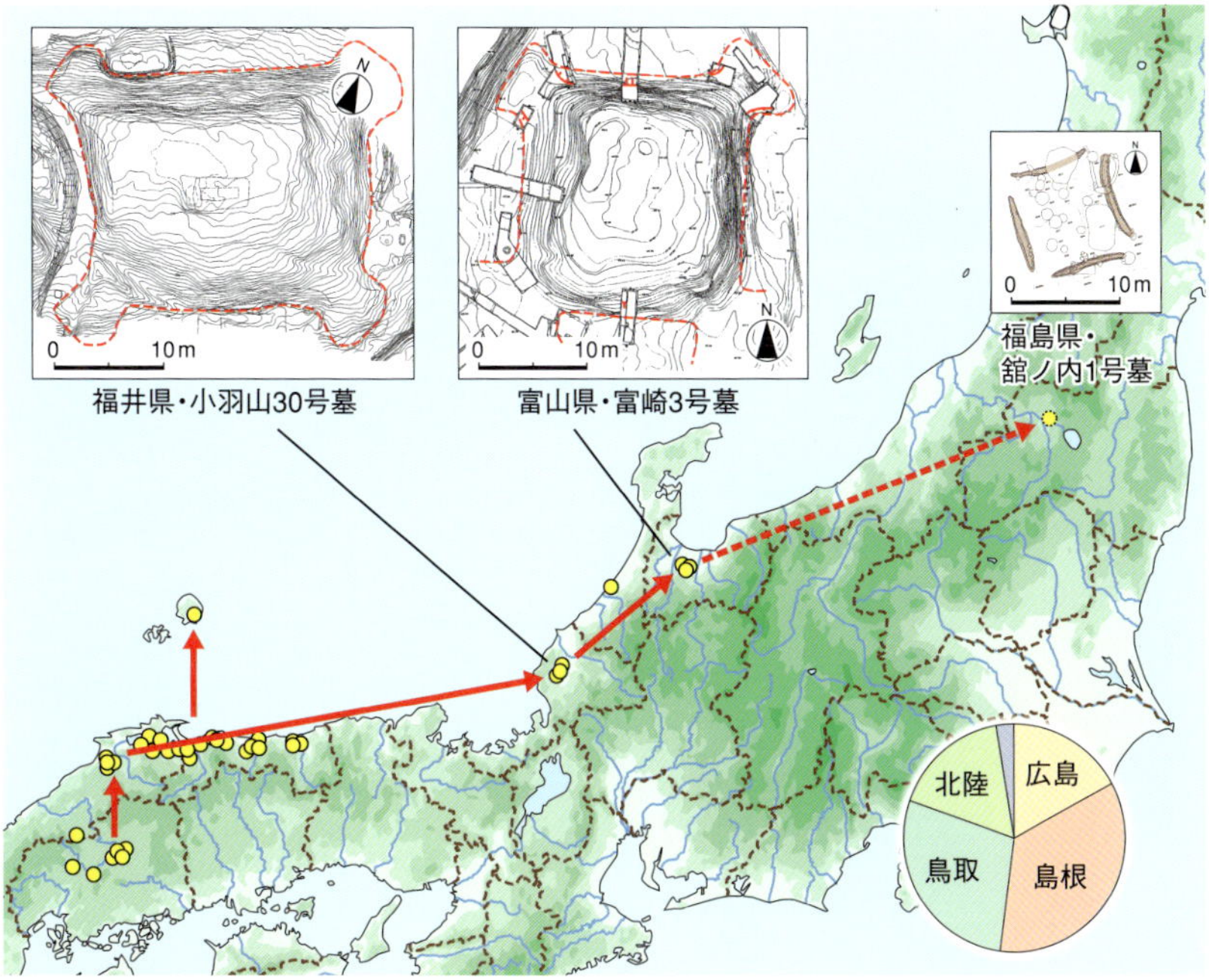

図50 ● 四隅突出型墳丘墓の広がり
四隅突出型墳丘墓は中国山地から山陰、そして北陸へと広がった。不確実なものを含めると、110基以上知られている。舘ノ内1号墓はカーブした周溝をもち、四隅突出型の影響を受けたものらしい。

ても、それが何を意味するのかよくわからなかった。死者に対する「土器供献」があったと考える研究者もいた。

しかし西谷3号墓の成果を踏まえれば、それらの土器は祭儀の終了後に後片づけされたものであり、発見されたのは祭儀の姿ではなく、後始末された姿だったことになる。西谷3号墓では、こうした葬送祭儀をきわめて大規模におこなって定式化したのだ。そして、これをいわば手本にして、中小の墳墓でも、縮小したり一部省略したりして模倣したに違いない。しかも、この祭儀スタイルは、四隅突出型という

図51 ● 福井市・小羽山30号墓（後期後葉、下）と石主（上）
北陸で最初につくられた四隅突出型墳丘墓。配石構造はないが、四隅を明らかに突出させる。墓壙の上から多量の土器と石主（磨製石斧の転用）が検出された。

墳丘墓の形とセットになって他地域にも影響を与えたらしいことがわかっている。その例が、福井市の小羽山《おばやま》30号墓だ。

小羽山30号墓は北陸（越）で最初につくられた四隅突出型墳丘墓として知られている。時期は西谷3号墓と同じころで、貼石などの墳丘装飾はないが、明らかに墳丘の四隅を突出させている（**図51**）。墓壙の上から石主や多数の土器が発見され、西谷3号墓と同様の祭儀をおこなっていたと考えられている。

この祭儀スタイルは、北陸では唐突に出現したものなので、西谷3号墓の祭儀の情報と墳丘についての不十分な情報とが、同時にこの時期に北陸に伝わったと考えざるをえない。出雲に強力な王があらわれたことと、その墳墓の形態や祭儀が北陸に伝播したこととは、深く連動していたに違いない。前章でみたように、西谷3号墓における墓上の祭儀には丹越地域から来た人たちも参加していた。彼らのうち越に帰郷した人たちが、小羽山30号墓の築造や祭儀にかかわったのではないだろうか。

第4章　出雲王とその時代

1　出雲王の誕生

ここであらためて、前後する時代の出雲の歴史を簡単におさらいしよう。

弥生時代の出雲というとすぐに思い浮かべるのは、荒神谷遺跡と加茂岩倉遺跡で発見された大量の青銅器だろう。荒神谷遺跡の銅剣三五八本、銅鐸六個、銅矛一六本、加茂岩倉遺跡の銅鐸三九個（実際には四〇個あったはず）は、日本考古学史上空前の大発見だった（図52）。これらの遺跡は西谷墳墓群の東方、それぞれ約七キロ、約九・五キロのところにある（図53）。

荒神谷遺跡は、埋納地の谷を下るとすぐ古宍道湖の南岸に出て、その西には出雲平野が広がる立地なので、この埋納が出雲平野の人びとによるものであることは、まず、間違いない。一方の加茂岩倉遺跡については、谷を下ると斐伊川支流の赤川のほとりに出るので、そのあたりを本拠とする集団によるのではないかと私は考えている。近くにある神原《かんばら》正面《しょうめん》北《きた》遺跡（雲南市）では、その集団のリーダーの墓と目される方形の墳丘墓が発見されている（図54）。ちなみに、この近くには古墳時代のはじめに神原《かんばら》神社古墳がつくられる。

　両遺跡で発見された青銅器は種類も異なり、制作された時代もそれぞれだが、それらが埋納されたのはともに弥生時代中期後半以降であり、より新しい型式の青銅器が含まれないことを重視すれば、遅くとも後期はじめぐらいまでに相次いで埋められたのではないかと考えられる。実年代で示すのは難しいが、大まかに西暦紀元前後、遅くても一世紀前半ぐらいまでの頃ではなかろうか。後期はじめごろとされる神原正面北遺跡の方形墳丘墓は、加茂岩倉遺跡における銅鐸埋納行為にかかわった指導者もしくはその一族のものだった可能性もあろう。

図 52 ● 荒神谷遺跡と加茂岩倉遺跡の青銅器
荒神谷遺跡の青銅器（左）には北部九州とのつながりをうかがわせるものがあり、一方の加茂岩倉遺跡の銅鐸（右）には近畿地方との親近性が看取される。これは、それぞれの埋納主体の性格を反映している。

弥生時代の中期末から後期はじめにかけての時期には、山陰の社会は大きく変化する。青銅器の大量埋納のほか、四隅突出型墳丘墓が広がりはじめ、山陰独特の土器様式が生まれる。松江の田和山遺跡では三重の壕《ほり》に囲まれたなんらかの施設が大量の礫《つぶて》石や石鏃が散乱する状態で放棄され（図55）、隣の伯耆では妻《む》木《き》晩《ばん》田《だ》遺跡という高地性の大規模集落が成立する。何か尋常ならざる不安定な社会状況、たとえば、他集団との接触による強い緊張状態というような事態が生じていたのではないか。緊張した状況は地域の結束を促し、強いリーダーを生み出す。青銅器の埋納もこうした社会状況と深く関係した呪的なパフォーマンスだったのではなかろうか。

ところで、荒神谷や加茂岩倉の発見当時、大量の青銅器は強大な王権の存在を示すという議論が盛んにおこなわれ、「出雲に巨大王権」とか「青銅器王国」などという言葉がマスコミを賑わした（図56）。しかし、「王」とか「王国」という概念は考古学的

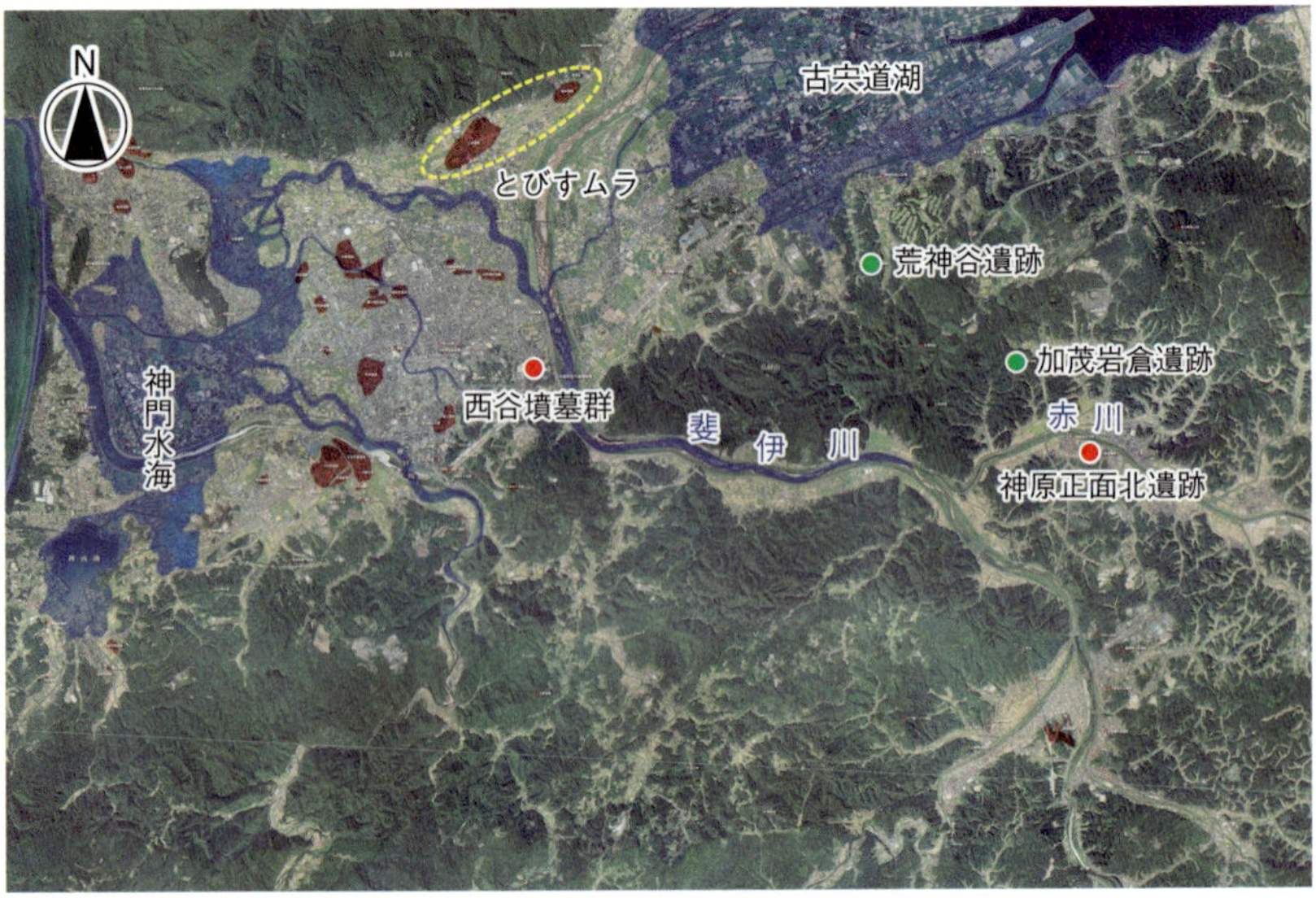

図53 ● 西谷墳墓群と荒神谷遺跡、加茂岩倉遺跡の位置
青銅器の大量埋納の前後に、出雲平野の「とびすムラ」で四隅突出型墳丘墓が、赤川のほとりの神原正面北遺跡で方形墳丘墓がつくられた。

図54 ● 神原正面北遺跡の墳丘墓
同遺跡のA地区では4基の方形墳丘墓が発見された。後期はじめごろの土器が出土している。

図55 ● 松江市・田和山遺跡
丘の上の施設を囲む三重の壕が中期後葉に廃絶したが、周辺には数千個の礫石、200本以上の石鏃が残されていた。ここで攻防戦があったのではなかろうか。

にはどのように認識できるのだろうか。私はつぎのように考えている。

隔絶した規模・内容の墳墓（王墓）や特殊な構造・占地の建物跡（王宮）などの存在により、一定の広域で最高かつ突出した権威を有する者がいて、実態的にその上位に君臨する者はいないと推定できる場合、彼もしくは彼女をさしあたり「王」と認識する、と。

つまり考古学は、彼（彼女）が「王」と名乗ったかとか「王」とよばれたか、ではなく、考古学的に「王」と認識できるかどうかを問題にするわけだ。今のところ弥生時代の出雲では王宮と考えられるような遺構は確認できない。したがって、王権の成立は大型墳墓の出現によって説明するしかない。

荒神谷や加茂岩倉の時期、おおよそ後期のはじめごろまでの墳墓はみな小型で、他に抜きん出た圧倒的な規模のものはつくられない。つまり王墓とするに相応しいような特別な墓はつくられていない。だ

図56●マスコミを賑わした「出雲王権論」
大量の青銅器発見を契機に、古代出雲には強大な王権が存在したという説がマスコミを賑わした。

から、考古学的には青銅器大量埋納の時期にはまだ王の出現を認めることはできない、ということになる。青銅器の収集や埋納は王権成立への出発点にはなったであろうが、王権そのものを証明するものではないと言わざるをえない。

後期後葉になると、前述のように、突然、それまでの墳墓を圧倒する大規模な墳墓が出現して王が登場したことを物語る。青銅器大量埋納の時期からは百年もしくはそれ以上経ったころのことになろうか。

西谷3号墓の被葬者は、荒神谷遺跡の青銅器埋納を主宰した首長層と系譜的につながる人物だったという可能性もあろう。そして前章でもふれたように、王権が確立する背景には、神門水海を介した朝鮮半島を含む各地との交易による蓄財と威信財の入手が重要な役割を果たしたことだろう。

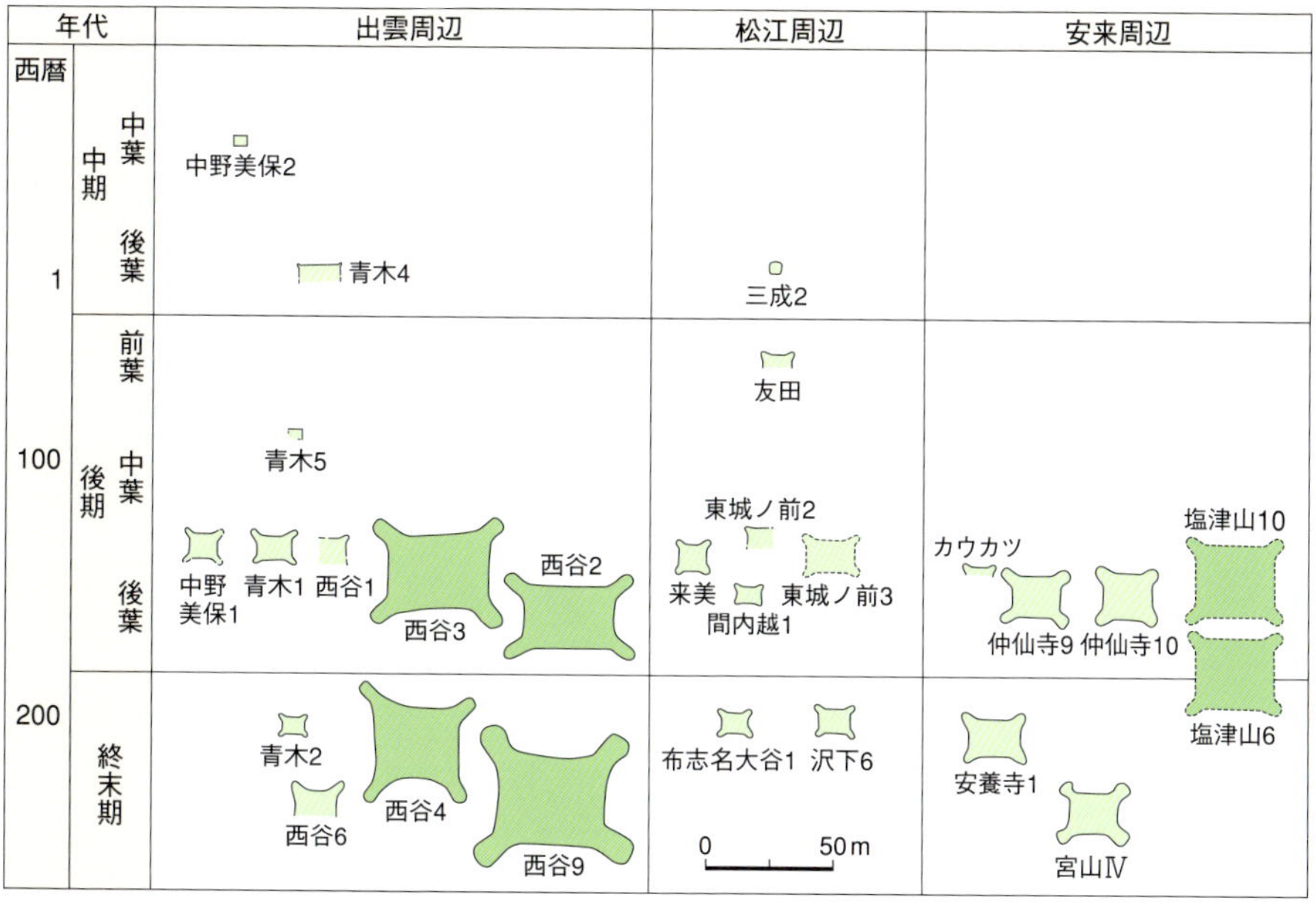

図57 ● 出雲の弥生墳丘墓の変遷
破線で墳形を示したものは正確な時期が不明。出雲では後期後葉に出雲市の西谷墳墓群と安来市の荒島墳墓群で、突然巨大な墳墓が出現する。左欄の西暦年代はおおよその目安を示す。

2　出雲王の外交

西谷3号墓では、吉備や丹越系のものを含む大量の葬祭土器が出土した。

吉備の土器は、胎土からみて吉備南部でつくられたものであることは確実で、中国山地の山並みを越えてはるばる運ばれてきたものだ。特殊器台・特殊壺とよばれる吉備の葬祭土器の中でもいわゆる「立坂型《たてざか》」に分類される初期のもので、当然、分布の中心は岡山県南部にある。また、県西部の、後に「備中」とよばれる地域では北部でも出土しており、さらに出雲では多数の出土例がある（**図58**）。また、同じころの吉備の葬祭土器は鳥取県西部の伯耆でも出土している。

こうした分布状況からすると、吉備の葬祭土器は、吉備南部から備中を経て山陰に至るルートを通って運ばれたのではないかと想像できよう。具体的には、高梁川《たかはしがわ》沿いを上り日野川沿いを下って

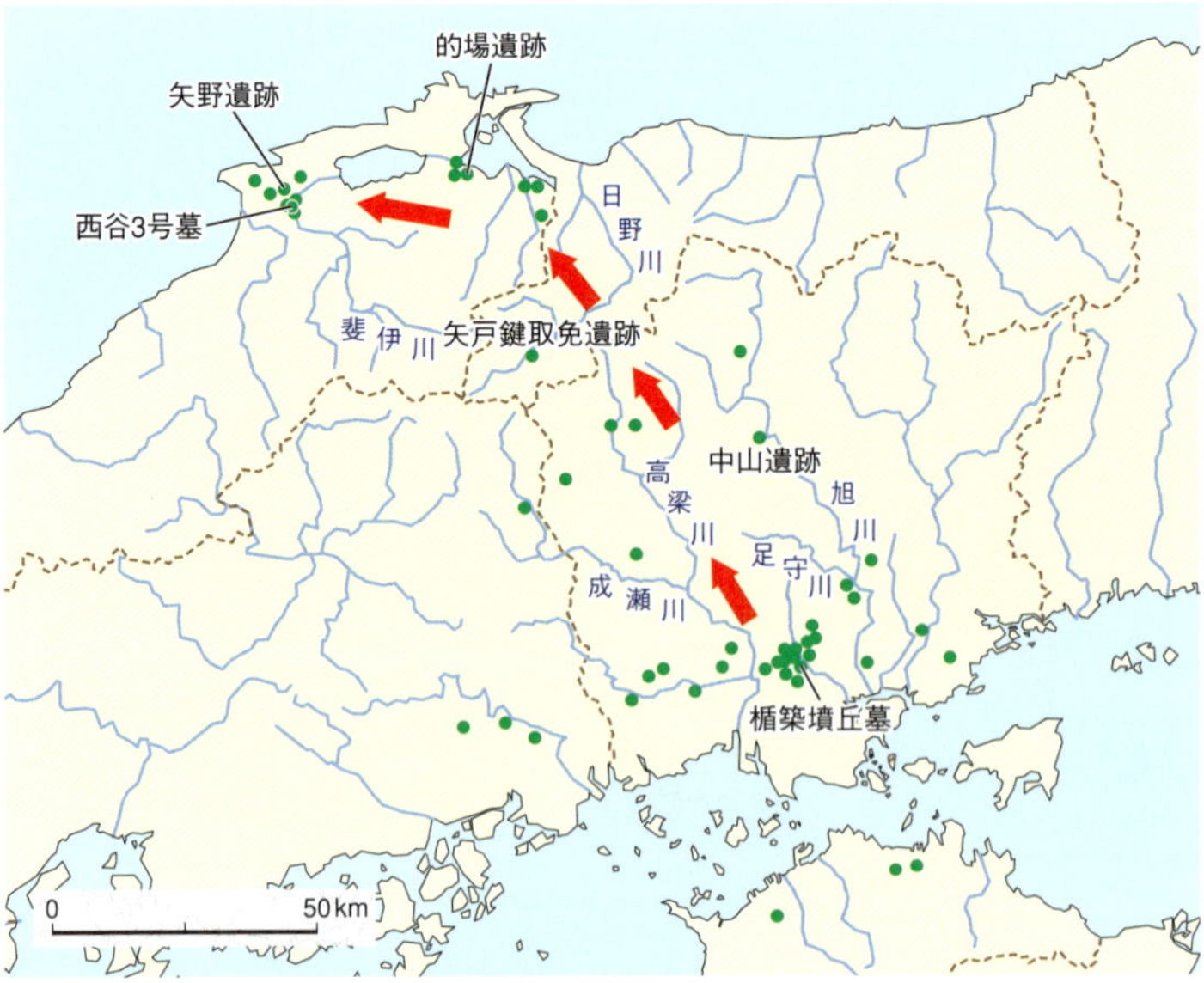

図58●**「立坂型」葬祭土器の分布と伝播**
分布から、備中（岡山県西部）→伯耆（鳥取県西部）→出雲という伝播経路が浮かびあがる。葬祭土器の分布は宇垣匡雅さんによる。

山陰に出る、つまり、現在のＪＲ伯備線に近いルートが、当時の吉備と出雲を結ぶメインストリートだった可能性が強い。

西谷3号墓とほぼ同じ時期に、吉備の中心地では吉備の王墓、楯築《たてつき》墳丘墓（倉敷市）がつくられた（**図59**）。西谷3号墓の被葬者と楯築墳丘墓の被葬者は、重なる時代を生きた出雲と吉備それぞれの王者だった。二人の間のなんらかのつながりが、吉備の葬祭土器（**図60**）が出雲に運ばれた背景にあったのではないだろうか。両者の間には、「雲備同盟」とでも表現できるような政治的関係、すなわち外交関係があったのではないかと推定される。ただし、山陰へ運ばれた吉備の葬祭土器は「立坂型」に限られるので、この外交関係は一時的なものだったらしい。

丹越系と表現した葬祭土器は、丹後や北陸の土器を模倣しながらも山陰もしくは出雲でつくられた土器だった。彼の地から移住した人たちが、故郷の土器を思い出してつくった土器を持参して西谷3号墓の葬祭に参加した、という解釈ができようか。

彼らの故地を特定することはできない

図59●楯築墳丘墓の推定図
西谷3号墓の被葬者と同じ時代を生きた吉備の王者の墓。

が、気になるのは出雲国風土記にあるつぎの記事だ。すなわち、「古志《こしの》郷《さと》という地名が付いたのは、かつて古志（＝越＝北陸）の人たちがここに住んでいたからだ」という伝承だ。「古志郷」というのは現在の出雲市古志町が遺称地で、西谷3号墓の南西四キロぐらいの場所になる。風土記の記事はいつの時代のことを物語っているのかわからないが、ひょっとしたら、西谷3号墓出土の丹越系土器こそ、この伝承を裏付ける資料になるのかもしれない。

いずれにしても、西谷3号墓の時代に丹越地域と出雲との間に人的な交流があったことは間違いない。そして、丹越出身者が出雲王の葬祭に参加したのであれば、彼らはただの丹越出身者ではなく、彼の地の王族もしくはそれに近い人びとだったという可能性もあろう。とすれば、この交流はたんなる一般的な民間交流ではなく、吉備との関係と同様に、支配者間の政治的外交の一環であったと考えなければ

図60 ● 楯築墳丘墓出土の葬祭土器
図28に示した西谷3号墓出土品とたいへんよく似た器形、文様をもつ。

ならない。一時的にせよ「雲越同盟」とでも称すべき外交関係が生まれていたのではなかろうか。前章でふれた小羽山30号墓（福井市）という北陸最古の四隅突出型墳丘墓がこの時期につくられていることも、無関係ではあるまい。

以上のように、この時期の出雲の王は、吉備や丹越地域の支配者とも外交関係をもつ、西日本有数の支配者へと成長していた。そして出雲王の死に際しては、両地域からも多数の人びとがそれぞれの葬祭土器を携えて駆けつけ、葬送の祭儀に参加した。時あたかも、『魏書』が伝える「倭国乱れる」の時期にあたる。西日本に生じていた新たな政治的緊張の中で、各地の支配者がその存続をかけて地域間同盟を模索していたことを示している。

3　出雲王の行方

西谷３号墓が築かれた後期後葉には、出雲東部の安来《やすぎ》（能義《のぎ》）平野周辺でも比較的大きな四隅突出型墳丘墓がつくられる。中海《なかうみ》南岸、飯梨《いいなし》川下流左岸の荒島《あらしま》丘陵には弥生時代後期後葉から古墳時代後期に至る有力な墳墓が多数分布していて、総称して「荒島墳墓群」とよばれているが、このうち仲仙寺《ちゅうせんじ》墳墓群、安養寺墳墓群、塩津山《しおつやま》墳墓群、宮山墳墓群で、中型ないし大型の四隅突出型墳丘墓がつくられている（図61）。残念ながら調査が一部にとどまっていて築造時期が不明な資料もあるが、西谷墳墓群と並行する時期の墳墓群と考えられ、両者の関係が気になるところだ。

荒島墳墓群の四隅突出型墳丘墓も、西谷墳墓群のそれと同様な墳裾の配石構造をもつ。しかしここでは、中規模の四隅突出型でも二段の配石をそなえている（図48）。一方の西谷墳墓群では、4号墓のように規模は大型なのに配石は一段という墳丘墓がある。つまり、墳丘規模と墳裾の段数のバランスが、出雲の東と西とでズレが認められるのだ。言い換えれば、墳墓の各要素にみられる秩序が出雲の東西でまだ統一されていなかったらしい。

こうしたことから、「西谷王朝」とは相対的に自立した「荒島王朝」の存在を想定することができるのではなかろうか。とすれば、弥生時代後期後半の出雲では、東西二朝の並立という政治状況を考えることになる。

ところが、弥生時代終末期につくられた「西谷王朝」最後の王墓である西谷9号墓（図63）は、空前絶後の規模を誇り墳丘裾ま

図61●安来市・荒島丘陵の四隅突出型墳丘墓
飯梨川河口を見下ろす低丘陵にある荒島墳墓群は、弥生時代後期から古墳時代後期にいたる大墳墓群だ。現在の平野部のほとんどは、当時は水域だったらしい。

わりの配石構造が一部で三段につくられるなど、それまでの王墓との格の違いを強調するかのような特徴をもつ。三段の配石は荒島墳墓群では知られていない。また、前にもふれたように、平野に突き出し斐伊川を見下ろす尾根に造墓地を移動させることによって、墳墓からの可視範囲を広げている。ここなら東方向からの見栄えも申し分ないし、「よつがねムラ」も含め、より多くの人民に墳墓の威容をみせつけることができる（**図37参照**）。

こうした様相から想像すると、西谷9号墓の被葬者は、安来の「荒島王朝」をも傘下に組み込み、ついに出雲全体の覇権を握ることになった人物、という可能性が考えられる。

しかし、「西谷王朝」の栄光もここまでだった。西谷9号墓を最後に、この地域から大型墳墓は姿を消してしまう。古墳時代になると、西谷丘陵では9号墓の南の丘に小型の古

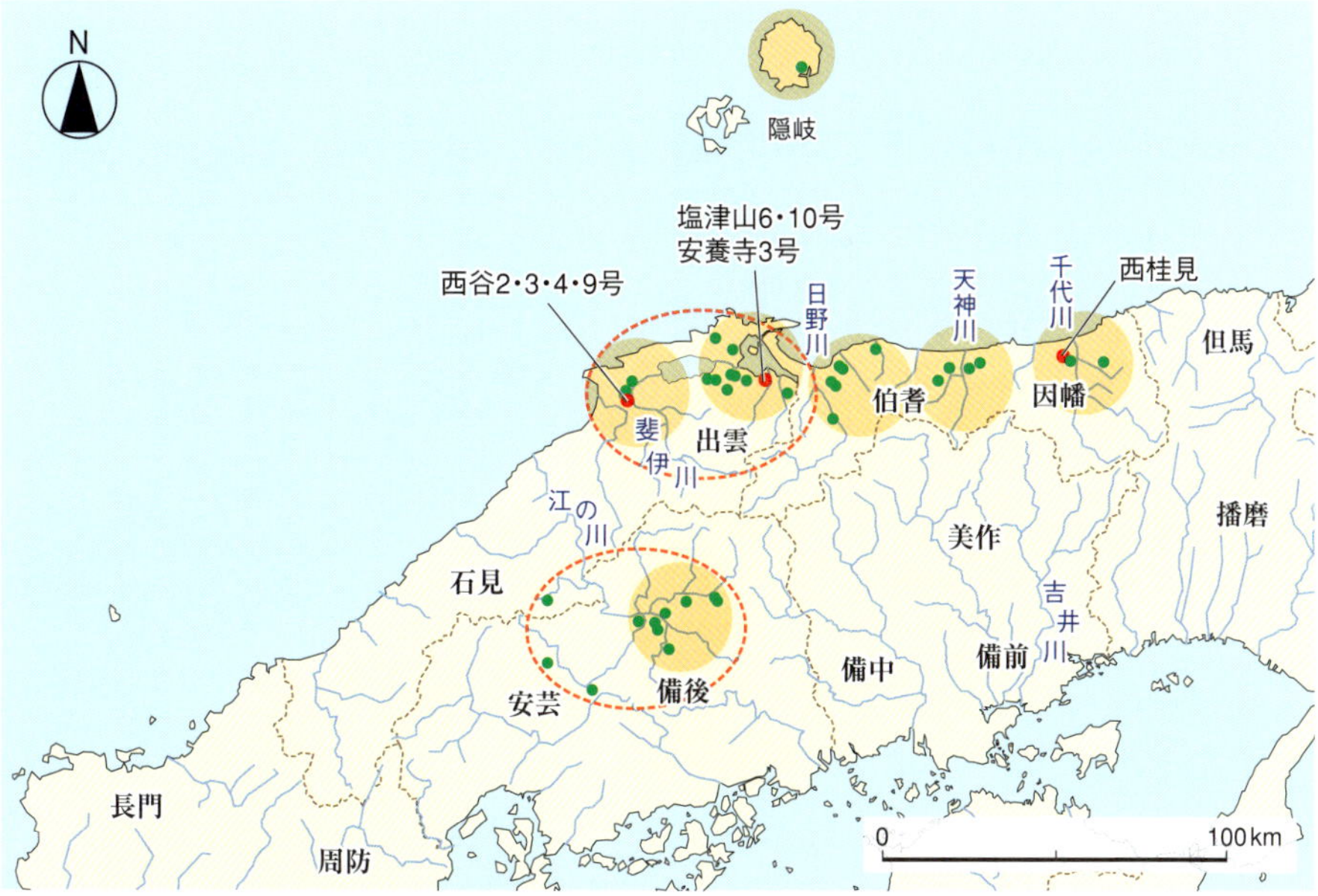

図62 ● 中国地方の四隅突出型墳丘墓の分布
墳墓名を付した赤いドットは大型・超大型のもの。平野を単位とした直径30km程度のテリトリーがあったことがうかがえる。さらにその上に立つ権力も生まれたことだろう。

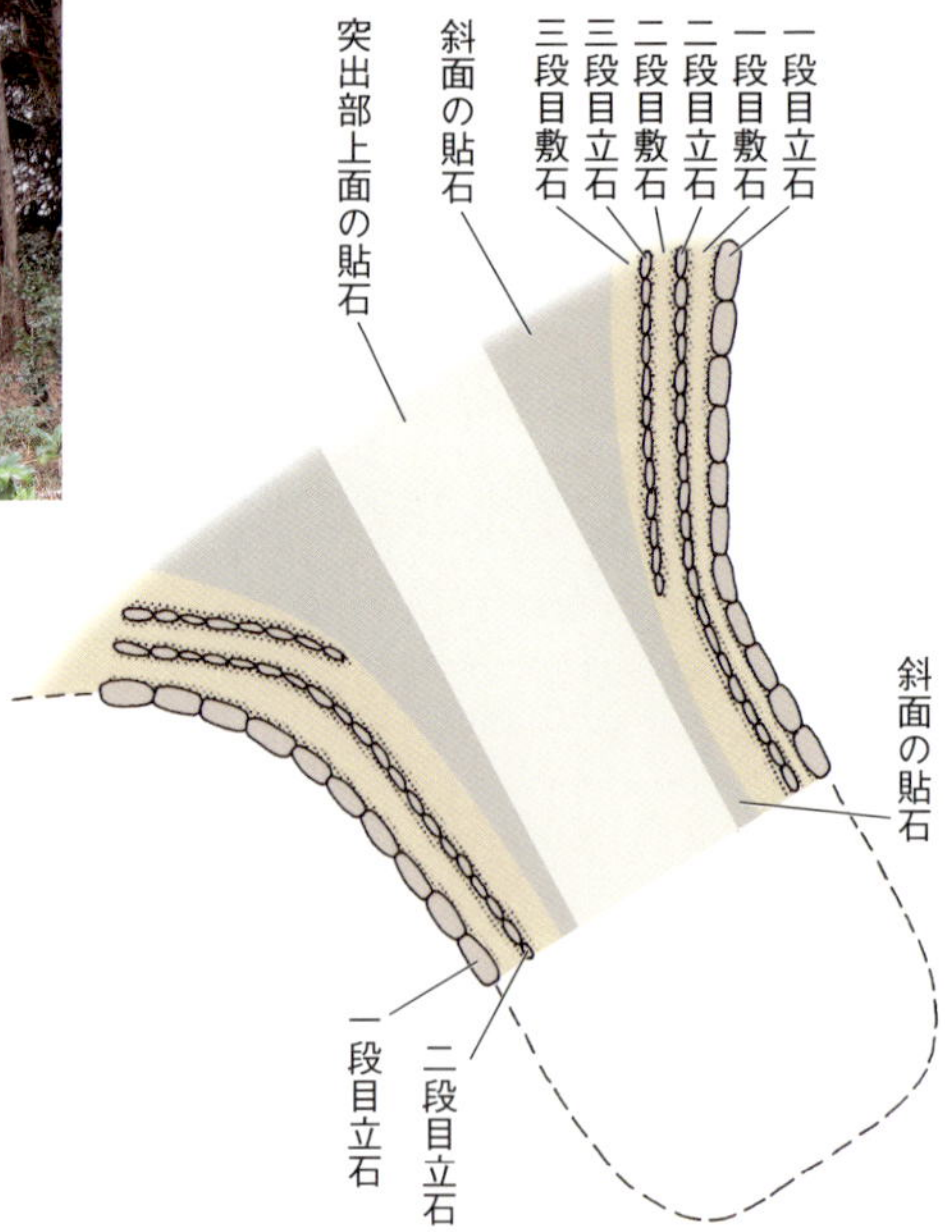

図63 ● 9号墓と突出部の配石構造
上は1985年撮影の9号墓。その後、社務所建設によって景観は大きく損なわれた（左中央）。発掘された南西突出部では、配石構造が一部で三段になっていた。

墳をつくるようになるが、往年の輝きはない。周辺をみまわしても、規模や副葬品で特筆されるような有力古墳はみられなくなってしまう。「西谷王朝」は終焉を迎えたようだ。

一方、斐伊川を少しさかのぼった中流域には、神原神社古墳（方墳）とか松本1・3号墳（前方後方墳）という有力な前期古墳が築かれる（図64）。あたかも出雲平野を遠巻きにうかがっているような占地だ。これら中流域の有力古墳の被葬者は、新しい時代にいち早く対応した勢力の首長なのだろう。神原神社古墳の周辺は前に述べたように、加茂岩倉遺跡を生んだ母体になった地域と推定され、神原正面北遺跡という大規模な墳墓群も形成されていた。こうした遺跡をのこした人びとの後裔が、古墳時代まで有力勢力として続いていたことを示している。

なお、出雲平野に大型有力古墳がつくられるようになるのは古墳時代前期も後半になってからだ。しかもそれらは、西谷墳墓群から遠く離れた平野の縁

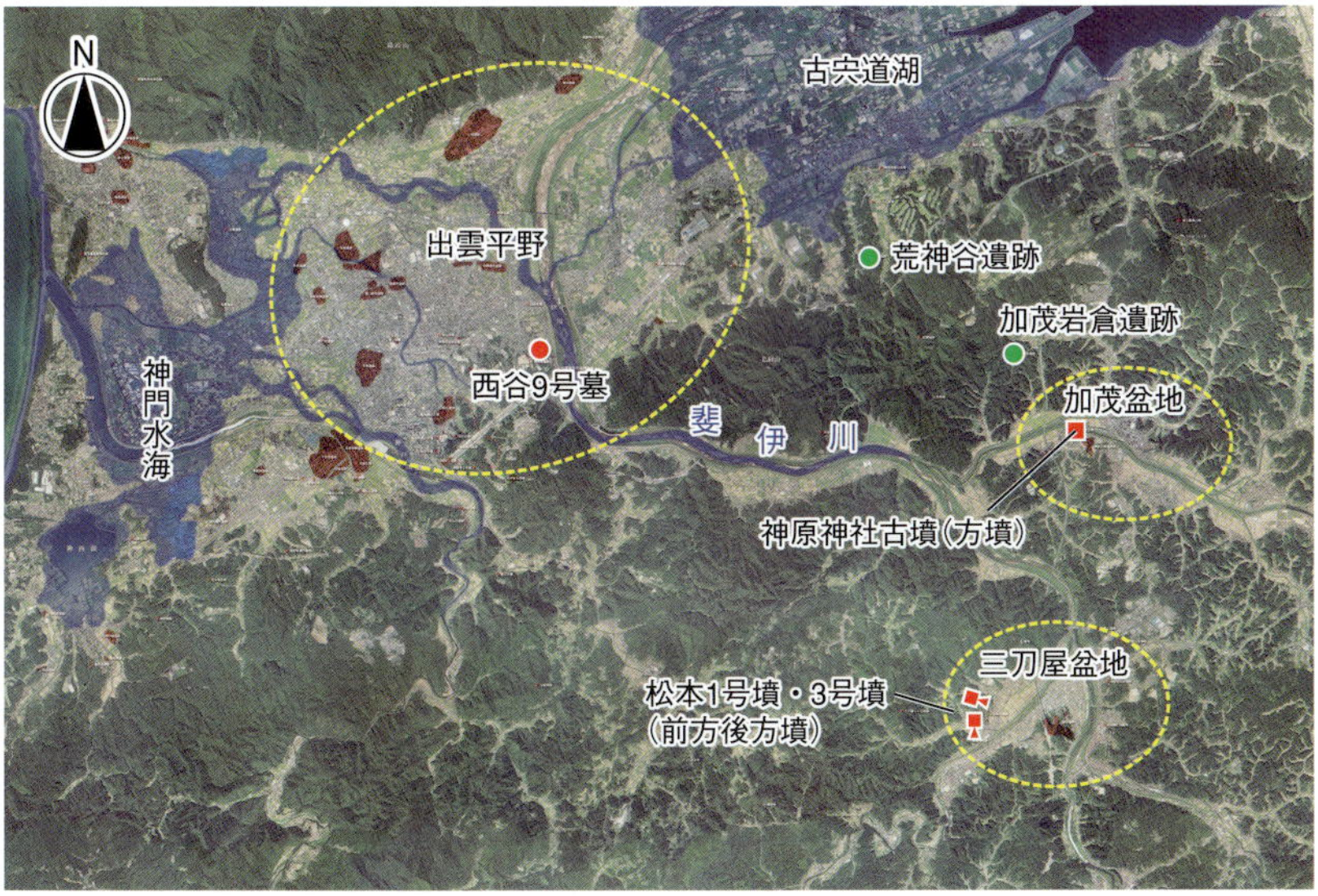

図64 ● 西谷９号墓と出雲西部の前期前半の古墳
西谷９号墓のあと、古墳時代初頭にかけて、出雲平野から大型有力墳墓が姿を消してしまう。

辺部につくられている。

さて、「西谷王朝」終焉の事情は考古学から解明することは難しい。しかしこれが弥生時代終末期のことであることを考えれば、やはり、前方後円墳に代表される古墳という新しい墓制をもつ政治勢力との確執にかかわっての事象だったとするのが自然だろう。

それ以上は空想の世界になってしまうが、思い起こすのは、古事記中巻に採録されているイヅモタケルの伝承だ。つまり、大和政権が送り込んだ刺客（ヤマトタケル）が斐伊川のほとりで出雲のイヅモタケルをだまし討ちしたという話だ。この伝承は奈良時代の中央政府や出雲の支配者にとっては不都合な話だったらしく、日本書紀も風土記も無視ないし大きく改変しているが、もともとは「西谷王朝」の最期について痕跡的に語り伝える説話だったのではなかろうか。

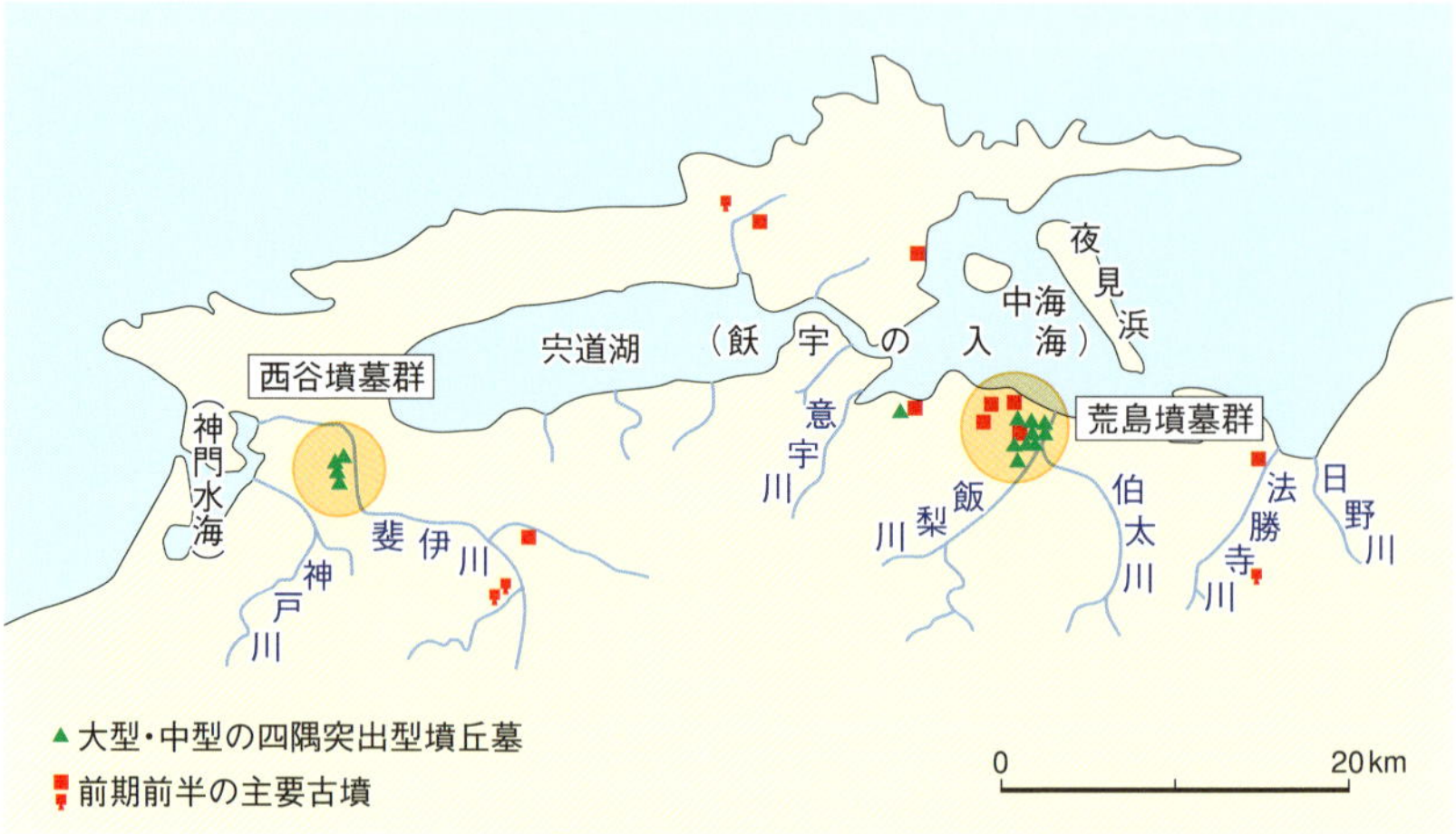

図65 ● 弥生時代から古墳時代にかけての有力墳墓の分布
荒島墳墓群では古墳時代になっても有力古墳がつくられるが、西谷墳墓群とその近くには有力古墳はつくられない。

第5章　史跡公園「出雲弥生の森」

1　墳墓群の保存と活用へ

一九九二年四月、島根大学の発掘調査団が西谷3号墓の最後の埋め戻しをしたとき、その雑木林の丘が数年後には公園化に向けて動き出すことになるとは、誰も想像していなかった。

調査の後半のころには、西谷3号墓は全国的にもかなり有名になっており、各地で開催される古代史シンポジウムなどで大きく取り上げられるようになっていたし、「四隅突出型墳丘墓」という不思議な形の墳墓も、専門家以外の一般市民のあいだでも徐々に知られるようになっていた。しかし、調査最終日に出雲市教育委員会の人に「市としてこの遺跡を保存するような計画はないのか」と尋ねたところ、何もないと即答された。

一方で、調査中はほとんど知らされることはなかった（調査団はいつも西側の高校校地から遺跡に通っていたので気づかなかった）のだが、西谷丘陵ではいくつかの開発が進行していた。

八〇年代末以降周辺の宅地化が進み、九〇年代に入ると丘陵の南東部を分断して東西に走る簸川《ひかわ》南広域農道が計画され、多少の設計変更を実現したものの、東側丘陵の西谷15号と16号の二基の古墳が調査（墳墓群中に中期古墳が含まれることが明らかになった）後に破壊され、切り通しの農道（出雲ロマン街道）ができた。そして、「西谷」の谷頭近くにそれへの取り付け道路がつくられ、やはり丘陵の一部を開削するなどしたため周辺の環境は大きく変貌した。また、群内最大規模を誇る9号墓では、上に鎮座する三谷《みたに》神社が大きな社務所を新設して、墳丘の西側を破壊し景観を台なしにした。

こうした事態をうけて、市が一帯の保存計画をつくるべく動き出したのは、調査終了後四年を経た九六年のことだった。前年に市長に就任した西尾理《まさ》弘《ひろ》さんが熱心にこれを推進したが、背景には、遺跡発見の功労者である池田満雄さんなど地元有力者による進言があったと聞いている。

図66●現在の西谷墳墓群（南側上空から）
赤い屋根の出雲弥生の森博物館付近が「西谷」の谷頭。左手に整備された2号墓、3号墓がみえる。上方やや右の林の中に9号墓がある。

市はその後、考古学や遺跡保存の専門家、学校の先生、観光関係者、地元市民団体代表等々、各界市民の参加のもとにさまざまな委員会を継起的に立ち上げ、具体的構想を練り上げていくことになる。筆者も一連の会議のメンバーとして議論に加わった。

さらに、荒神谷遺跡や加茂岩倉遺跡の発見に端を発した古代出雲ブームの盛り上がりがこの動きを後押しした。九七年に東京、大阪、松江で開催された島根県主催の「古代出雲文化展」をはじめ、各地の博物館の特別展や講演会などで西谷3号墓の発掘成果が紹介されて全国の研究者と古代史ファンの耳目を集め、地元でも子ども対象の企画を含む各種の講演会や見学会、シンポジウムが繰り返しおこなわれた。

市は西谷墳墓群の国史跡指定を目指し、九七年度から「西谷」をはさむ東西丘陵の墳墓群についての測量調査や内容確認調査を開始し、新たに確認された墳墓には番号を振っていった。この期の調査の中では、半壊状態だった2号墓で墳裾の配石構造が地下によく残存していることを確認し、4号墓でも配石の状況を把握できたこと、東側丘陵で前期古墳（7号墳）を確認したことなどが特筆される。これらの調査によって墳墓群全体の編年作業が進むことになった。

二〇〇〇年三月、西谷墳墓群のうち1～6号墓を含む西側丘陵部

図67 ● 大津小学校6年生の卒業制作
地元の大津小学校児童による大壁画が公園の入口を飾っている。弥生の森博物館は大津小学校と連携したさまざまなイベントをおこなっている。

と9号墓の部分（約三万六六〇〇平方メートル）が国の史跡に指定された。これを祝って、地元の大津小学校の六年生は卒業制作として「西谷からロマン飛行」と題する大きな壁画を作成した。この大壁画は、その後しばらく「西谷」の取り付け道路脇にあった駐車場に飾られていたが、傷んできたため複製品がつくられ、現在は史跡公園の入口に立てられて来観者を迎えている（図67）。

続いて市は指定地のうち西側丘陵の公有地化を進めるとともに、史跡公園構想の検討を開始した。二〇〇二年には「西谷墳墓群史跡公園整備事業基本計画」を策定して、墳墓群内の確認調査を継続する一方、公園整備事業も一部ではじまった。公園化にあたっては古くからある山道や一部の林をなるべく残すよう配慮したが、鬱乎《うっこ》たる雑木林だった2～5号墓の部分は丸裸の丘に変わった。

こうして二〇〇四年四月、「西谷墳墓群史跡公園・出雲弥生の森」が暫定オープンした（図68）。「出雲弥生の森」というネーミングは地元市民の提案によるもので、これがのちにできる

図68 ● 出雲弥生の森の開園
上：2004年の暫定オープン式典でテープカットする地元諸団体や児童の代表。左から4人目が西尾市長、その左が筆者。下：公園の一角には、公有地化にあたって多大の協力をされた萬祥山窯元への感謝碑がある。

博物館の館名に採用される。その後も確認調査と整備事業が継続し、2号墓の東側崖下で新たに横穴墓群が発見されたため発掘調査をすることになるなど想定外の出来事もあり、便益施設等を付設して公園全体が正式にオープンしたのは、博物館開館と同時の二〇一〇年四月のことだった。

2　整備された墳墓群

西谷墳墓群は、北に開いた「西谷」の谷頭周辺を囲む丘陵上に分布し、大きく西側丘陵のグループと東側丘陵のグループに分けられる（図69・表2）。時期の不明なものも多いが、基本的には西側に主として弥生時代の墳丘墓が、東側には古墳時代の古墳がつくられ、「西谷」に面した斜面には横穴墓群がいくつか分布する。さらに東側丘陵の小谷を隔てた北にある独立丘の高所をいっぱいに使って最大の四隅突出型墳丘墓の9号墓がつくられている。また西側丘陵の3号墓の南には奈良時代の古墓（「西谷古墓」）もあったが、その正確な位置はわかっていない。

前記したように、これらのうち西側丘陵と9号墓周辺が史跡に指定された。指定地内の主な墳墓について、確認調査の成果と現状を紹介しよう。

1号墓　西側丘陵の尾根の北端近く、標高四三メートル前後の地点につくられた墳丘墓。墳墓群内で最初に発掘された四隅突出型墳丘墓だが、西側に高校用地を造成した影響で、調査当時（一九七一年）すでに北半と西半が崩落し、半壊状態だった（第1章参照）。

公園化にあたり、そのときの調査区を再発掘して記録したのち、残存していた東突出部を中心に盛土してそのまま保存している。一辺一〇メートル前後の小型の墳丘墓で、墳裾の配石は一段。出土土器から3号墓と同じころの築造と考えられる。

2号墓　戦前まで陶土採取がおこなわれていたため墳丘は大きく崩され、南側の一部だけが残存するという状態だったが、確認調査の結果、地下に墳裾部を飾る二段の配石がよく残っていることがわかり、3号墓、4号墓とならぶ大型墳丘墓だったことが判明した。また、攪乱土中から副葬品と思われるガラス腕輪の破片や朱塊がみつかり、吉備の特殊土器を含む多量の土器も出土した。

二〇〇四年に実施された島根大学と市による共同調査では、残丘の崖面に埋葬施設

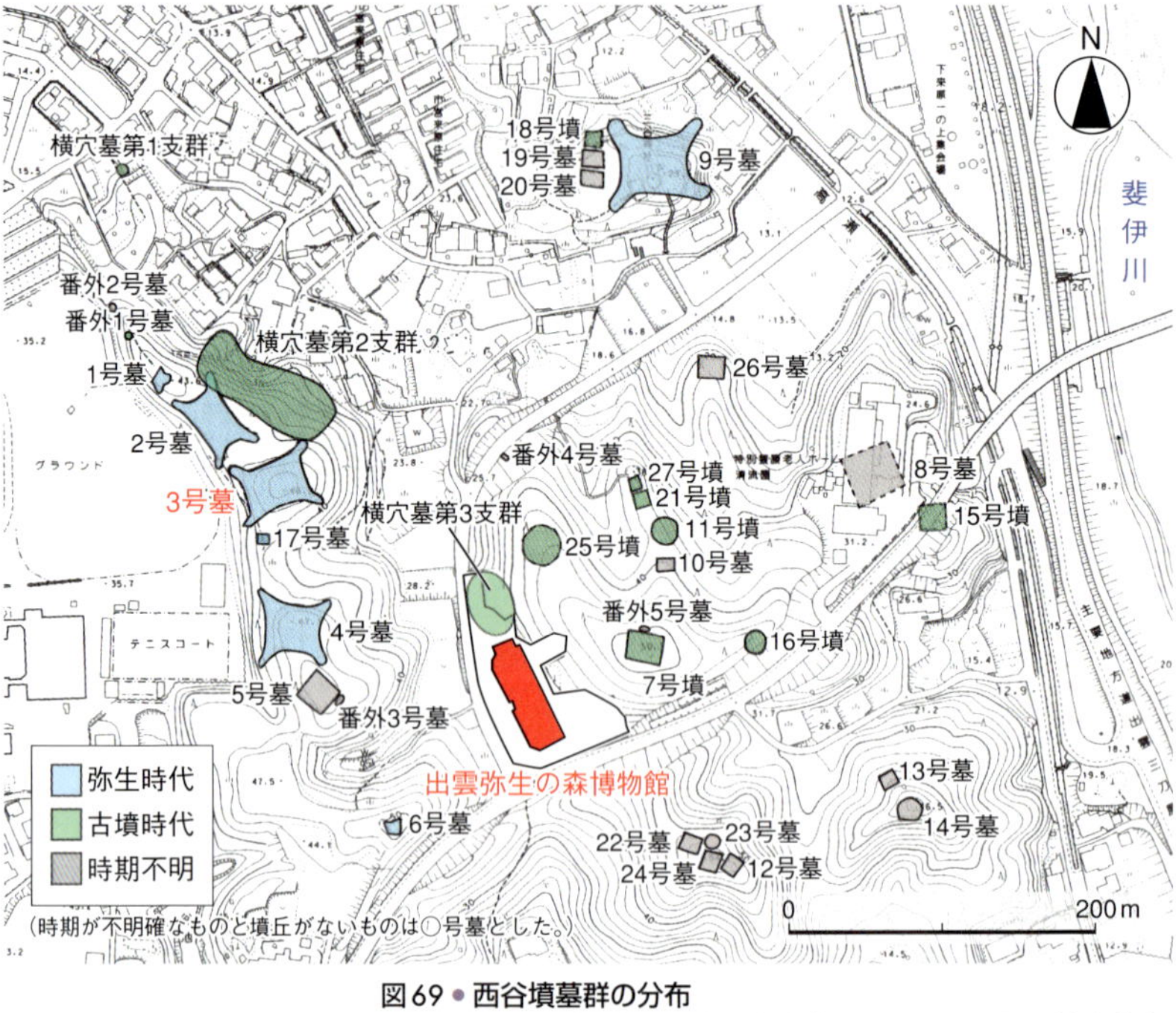

図69 ● 西谷墳墓群の分布
西谷丘陵は東西に走る広域農道とそれへの取り付け道路によって分断されている。図12と比較されたい。

表2●西谷墳墓群一覧

	墳墓名[1]	墳形	規模(m)[2]	時期	備考
西側丘陵	1号墓	四隅突出型	約10	弥生後期後葉	指定地内(半壊)
	2号墓	四隅突出型	35×24	弥生後期後葉	指定地内(半壊・復元)
	3号墓	四隅突出型	40×30	弥生後期後葉	指定地内
	4号墓	四隅突出型	32×27	弥生終末期	指定地内
	5号墓	不明(長方形？)	22×17 ？		指定地内
	6号墓	四隅突出型	17× ？	弥生終末期	指定地内(半壊)
	17号墓	不明	8m以上	弥生終末期	指定地内
	番外1号墓	土壙墓		古墳前期	指定地内
	番外2号墓	石棺墓			指定地内
	番外3号墓	石棺墓			指定地内
	横穴墓第1支群	横穴墓		古墳後期～終末期	指定地外(消滅)
	横穴墓第2支群	横穴墓群		古墳後期～終末期	10穴(指定地内・調査後盛土保存)
	西谷古墓	不明		奈良時代	3号墓南方か
東側丘陵	7号墳	長方墳	23×15	古墳前期	
	8号墓	方形？			消滅
	9号墓	四隅突出型	43×34	弥生終末期	指定地内(神社社地)
	10号墓	方墳？	10×9		
	11号墳	円墳	18	古墳中期	
	12号墓	方墳？	10		
	13号墓	方墳？	10		
	14号墓	円墳？	12		
	15号墳	方墳	10× ？	古墳中期	消滅
	16号墳	円墳	11	古墳中期	消滅
	18号墳	方墳	9	古墳中期	指定地内
	19号墓	方墳？	13		一部指定地内
	20号墓	方墳？	13× ？		一部指定地内
	21号墳	方墳	10×8	古墳前期	
	22号墓	方墳？	13×10		
	23号墓	円墳？	9		
	24号墓	方墳？	12		
	25号墳	円墳	24		
	26号墓	方墳？	17×13		
	27号墳	方墳	7×5	古墳前期か	
	番外4号墓	土壙墓			消滅
	番外5号墓	石棺墓			
	横穴墓第3支群	横穴墓群		古墳後期～終末期	10穴以上　保存

1）弥生時代および時期不明の墳丘墓と無墳丘のものを「墓」、古墳時代の墳丘墓を「墳」と表記した。
2）四隅突出型墳丘墓では突出部を除く墳丘主部の規模を示す。

の断面が観察できることもわかり、そのプランの追究や各所での墳裾の確認などをおこなった。調査結果から、時期は後期後葉、3号墓の次に築かれた四隅突出型の大型墳丘墓、つまり二代目の王墓と考えられる。

2号墓では、これらの調査によって得られたデータをもとに、築造時における墳墓本来の姿を復元することにし、残存墳丘上に一・五メートルないし二メートル近く盛土して原寸大模型をつくった。大型四隅突出型墳丘墓の築造当時の姿をみられる唯一の遺跡であり、出雲の王墓の威容を目のあたりにすることができる。墳丘の内部には展示空間をつくり、埋葬時の様子をサプライズ的にみられるような装置を工夫して設置した。史跡公園の目玉として来観者にはたいへん好評だ（図70）。

3号墓　墳墓群で埋葬施設まで発掘された唯一の墳墓。第2章でくわしく紹介したように、初代出雲王の墓として築か

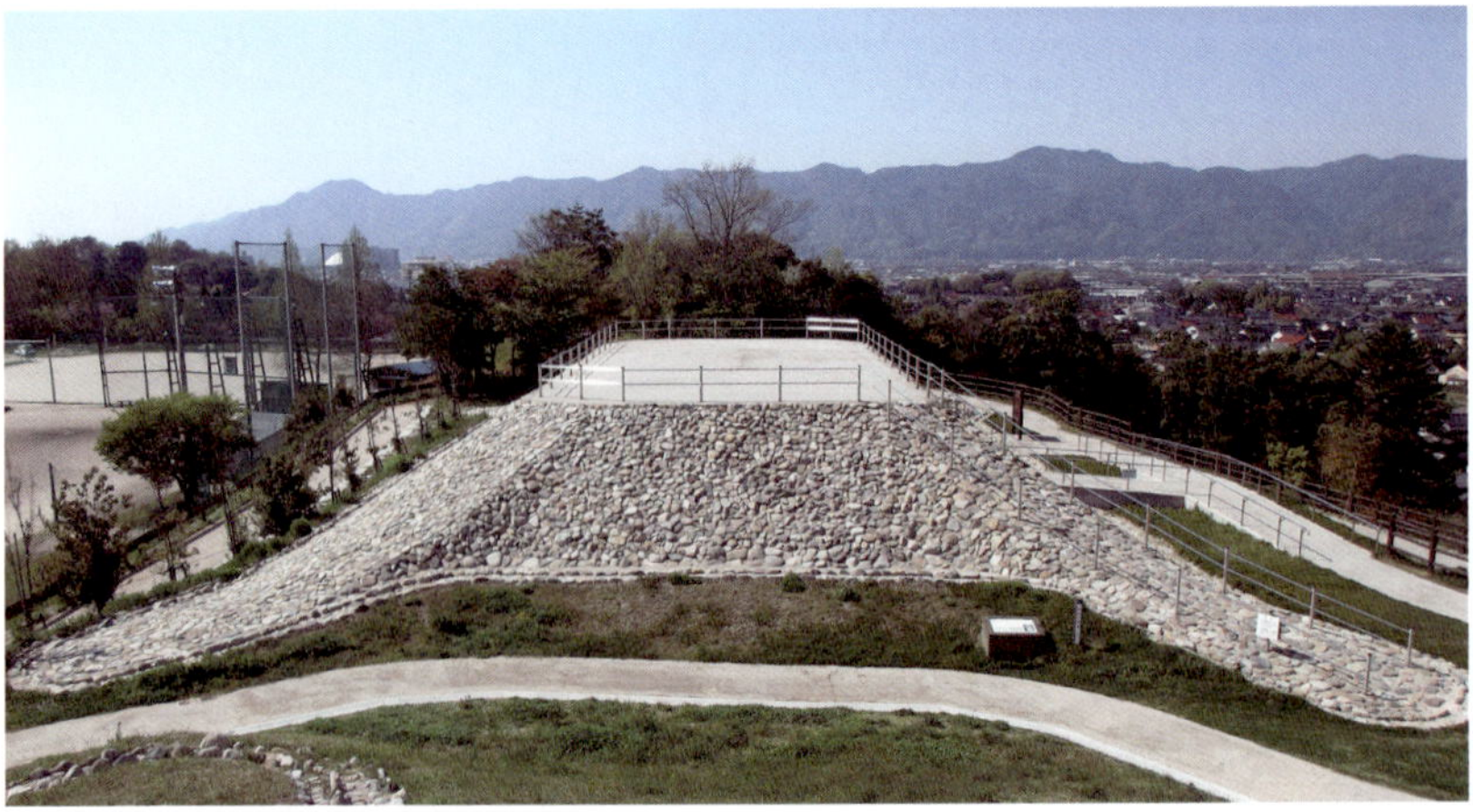

図70 ● 復元された2号墓（下）**と内部の展示室**（上）
弥生人がみたであろう大型四隅突出型墳丘墓は迫力満点だ。内部にある展示室では、発掘成果にもとづいて作製された埋葬施設の復元模型などがみられる。

れた大型の四隅突出型墳丘墓だ。他の墳墓にさきがけて二〇〇六年度に整備工事が実施された。元の墳丘の上に一・二メートル前後盛土して墳丘を整え、崩れていた突出部を補って、墳丘の裾まわりだけ配石を復元する整備をおこなった。したがって、きわめて中途半端な復元になっている。墳頂には、第1主体と第4主体の位置を表示する施設をつくった。

なお、2号墓と3号墓がかなりかさ上げして復元されたため、その間を通る園路が谷間のように低くなり、両墳墓が両側に高くそびえ立つようになってしまった。墳墓群内の景観を考慮した整備をするべきだったと反省している。墳頂からみる景色は抜群で、出雲平野はもとより、東は松江の嵩山《だけさん》、西には三瓶山《さんべさん》も望むことができる（**図71**）。

17号墓　3号墓のすぐ南にあった小マウンドで、全体に崩壊が著しく、とくに南半は陶土の採掘によって大きく削られていたが、その崖面に土壙の断面が確認され、そこに落ち込んだ弥生土器細片（終末期か）がみつかった。本来は径八メートル以上の墳丘があったと推定される。現在は看板を設置して位置表示している。なお、火葬骨を納めた須恵器が出土した「西谷古墓」も、このあたりにあったと推定されている。

4号墓　小さな谷を隔てて3号墓の南に位置する大型の四

図71 ● 3号墓の墳頂
第1主体（右）と第4主体（左）の位置表示。ここからの景観は見事で、公園内で一押しのビューポイントになっている。

隅突出型墳丘墓。一九五三年に中学生がここで土器を発見し、墳墓群が世に知られるきっかけになった記念すべき地点だ。確認調査で墳丘裾の配石や突出部の様子が判明し、とくに南東突出部では墳裾の配石がよく残っていた（図73）。出土土器から、2号墓の次の世代の三代目王墓と考えられるが、墳裾の配石は一段しかなかった。西谷墳墓群の大型墳墓で配石が一段なのはこの墳墓だけであり、これが何を意味するのかは謎だ。

かつて耕作中に弥生土器や吉備の特殊器台・特殊壺片などが採集されており、確認調査でも、南側の墳裾付近から西部瀬戸内系や九州北部系の土器も発見され、これらの諸地域と出雲の交流が明らかになった。

4号墓は墳丘上に二〇センチ程度の盛土をし、山道で破壊されていた突出部などを復元して、全体を芝でおおって整備した。本来、4号墓は3号墓より高い位置にあり墳頂の標高も少しだけ高いのだが、3号墓に厚い盛土をして整備したため、結果として3号墓と4号墓の高さがわずかながら逆転してしまった。

5号墓　4号墓の南に続く尾根につくられた墳丘墓で、かつて前方後方形といわれたことも

図72●公園化された2～4号墓
2号墓は全体復元、3号墓は一部復元、4号墓は張り芝という、三者三様の整備をした。右手に斐伊川、平野の向こうが北山山塊。

あったが、破壊や崩壊が激しく、一部で盛土の存在を認めたものの、確実な墳丘形態や築造時期を明らかにすることはできなかった。そのため墳丘を復元的に整備することはせずに、若干の盛土をした上に芝を張って保護している。確認調査の報告書では、二二メートル×一七メートル前後の長方形墳墓だった可能性が高いとしている。なお、南東側の墳裾部に小型の石棺墓（番外3号墓）が古くから露出していたが、これも再調査の上、埋め戻され、説明板を置いて位置表示している。

6号墓　西側尾根の最奥部・最高所に立地する四隅突出型墳丘墓（墳頂の標高約五二メートル）。たいへん見晴らしの良い場所だが、今は木立によって視界がさえぎられている。

6号墓は六〇年代はじめまでに墳丘の南半と西側を周辺の丘陵ごと削平されてしまい、その後も崩壊が進んで、現在では墳丘の半分近くが失われ、かろうじて崖っぷちに残丘をさらす状態になっている。本来の規模について、出雲考古学研究会は東西一七メートル前後あったと推定している。

調査では崖面の南西寄りで埋葬施設の断面を二つ確認し、墳丘の北側トレンチでは突出部の痕跡と残存する貼石をみつけた。出土土器から、弥生時代終末期の築造と考えられる。整備にあたって墳丘部分にはとくに手を加えず、崩落を防ぐ

図73 • 発掘中の4号墓の南東突出部
大型の四隅突出型墳丘墓で突出部の先端の様子がわかった唯一の調査例。

ため崖面部分を補強する工事を実施した。

9号墓　「西谷」東側丘陵の北に位置し、斐伊川に向かって突き出した独立丘最高所を利用してつくられている。鳥取県の西桂見墳丘墓とともに山陰を代表する最大規模の四隅突出型墳丘墓で、西谷墳墓群最後の、そして弥生時代最後の出雲王墓だ。

一九六二年に墳丘上に三谷神社が遷座したが、その後、出雲考古学研究会の踏査で大型の四隅突出型墳丘墓であることが指摘され、さらに島根大学によって精密な測量図が作成された。ところが、九〇年代はじめに墳丘の西側斜面に大きな社務所が建てられて景観は一変、無残な姿になってしまった（**図74・図63参照**）。当時、9号墓は未指定だったとはいえ周知の遺跡だったから、地元の方からの知らせを受けた筆者は直ちに教育委員会と宮司に抗議したが、後の祭りだった。西谷墳墓群の史跡指定にあたり、社地・民有地のまま、同意を得て史跡内に組み入れられた。

確認調査は墳裾部と西側に並ぶ小墳丘群（18号〜20号墓）について実施された。9号墓の裾部に設けたトレンチでは各所で配石構造が確認されたが、西側裾部の発掘区では配石が三段、

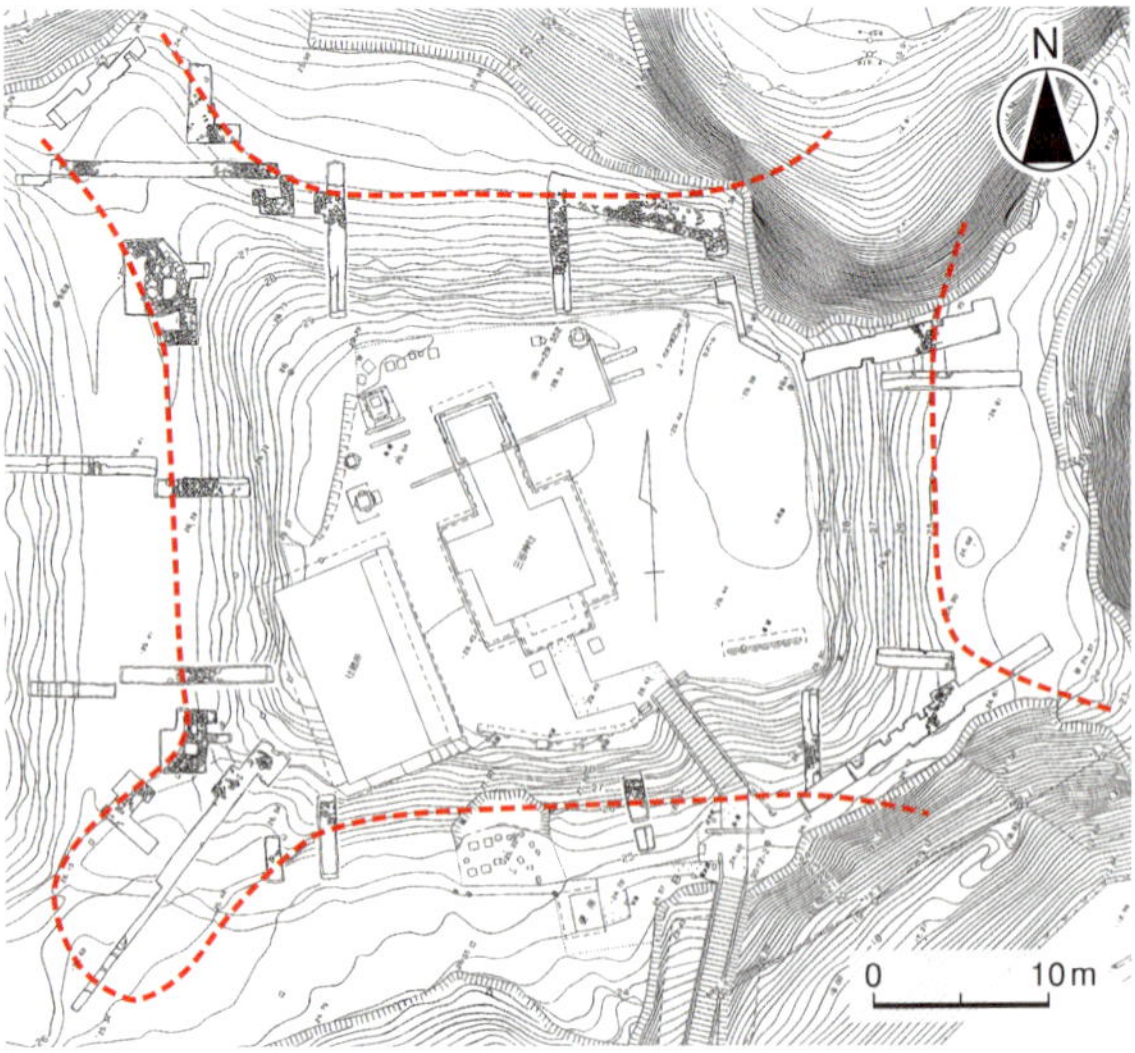

図74 ● 9号墓の測量図
墳丘の東側はかなり崩落しており、西側には社務所が建てられている。これが山陰を代表する巨大四隅突出型墳丘墓の現状だ。

つまり敷石と立石のセットが三重になっていることが判明した。三重の配石は突出部にかかるあたりでいちばん内側の段が消失することが突き止められたので、突出部は二段の配石だったと推定される（図63）。それにしても、四隅突出型墳丘墓で三重の配石構造が確認されたのはこれがはじめてで、今のところ唯一無二の存在だ。9号墓はその規模だけでなく配石構造でも、それまでのどの墳丘墓をも凌駕するような圧倒的威容を誇っていたのだ。

9号墓の立地する丘陵は、斐伊川を隔てて対岸にあった新《しん》川《かわ》という川を埋めるための採土地となったこともあって、東半部では断崖絶壁状態になった箇所があり、墳丘の一部はすでに崩落していた。整備事業ではこれらの崖を補強する工事のみを実施した。

横穴墓群　西谷墳墓群には三カ所で横穴墓群が確認されている。いずれも「西谷」に面した斜面にある。

西側丘陵の最北端近く（指定地外）にはかつて「西谷横穴墓」とよばれた横穴墓（群）があった。このあたりは早くから開拓が進んだところで、六四年に丘陵を削って宅地化したときに横穴墓が現れ鉄刀が発見された。遺跡は調査もされずに消滅したが、今はこれを第一支群とよんでいる。

図75 ● 横穴墓第２支群の発掘調査
左後方に整備前の３号墓がみえる。

第二支群は、2号墓の整備にともなう工事中にその東側の崖下で発見された。ここは2号墓の復元をするためにどうしてもしっかりした擁壁をつくらなければならない箇所だったので、議論の結果、整備工事を延期して急遽発掘調査を実施し（図75）、その後全体を埋め戻してのり面を擁壁で保護する工事をおこなうことになった。発掘では二グループ一〇穴の横穴墓などが調査され、六世紀後葉から七世紀代にかけてつくられ、一部で八世紀にかかるまで追葬が続いたことが明らかになった。現在は、横穴墓群の真上あたりの位置にテラスをつくり、看板を設置して概要を解説している。

また、博物館のすぐ北の駐車場予定地だった場所（指定地外）でも試掘調査で横穴墓群の存在が確認され、これを第三支群とした。第一、第二支群は「西谷」の西側斜面につくられているが、これは東斜面に掘られており、前二者にくらべかなり谷奥に近い位置にある。横穴墓は少なくとも一〇穴以上あると推定され、七世紀代の須恵器も出土した。第三支群については設計変更によって保存を図ることになり、駐車場脇の斜面に検出状態を表示して解説板を設置している（図76）。

図76 ● 横穴墓第3支群の整備
横穴墓の存在が確認された状況をそのまま保存し、表示している。内部の発掘はおこなっていない。

3　出雲弥生の森博物館

西谷墳墓群のガイダンス施設として、「弥生の出雲王に出会える」をコンセプトに二〇一〇年四月に出雲弥生の森博物館がオープンした（図77）。設計にあたっては地元市民の意見も取り入れ、地域の文化活動の拠点としても機能するよう配慮されている。のべ床面積は約三〇〇〇平方メートル。出雲市文化財課のオフィスを兼ねており、市の文化財行政を担う部署でもある。

建物内部は博物館部分と埋蔵文化財センター部分とで分け合っている。博物館部分はわかりやすく、子どもでも楽しめるよう工夫されているのが特色だ。常設展示は、前半が島根大学から貸与された西谷3号墓出土品などからなる弥生時代の展示、後半は上塩冶築山古墳出土品など古墳時代および文字と仏教の文化が開花する奈良・平安時代の展示となっていて、出雲市域における古代までの考古学的知見を総観できる。また、企画展示室を使用して随時、多様な時代と分野の特別展・企画展を実施している。戦後七十年を記念して開催した企画展「いつまでも戦後でありたい―出雲市民と戦争―」は

図77 ● 出雲弥生の森博物館
屋根と外壁上部に塗られた茜（あかね）色は、西谷3号墓の棺内に敷かれた朱の色をイメージしている。

とくに高い評価を得た。

常設展示の目玉は西谷3号墓の一〇分の一ジオラマだ。これは、西谷3号墓の築造が完成に近づき、墓上の祭儀のために地元のみならず吉備《きび》や越《こし》からも参会者がぞくぞくと集まりつつあるという情景を想定して作製された（図78）。ジオラマ中には六七体の人物と若干の動物が登場しており、一人ひとりの人物の服装、入れ墨、仕草はもちろん、使っている道具類や動植物の種類等々に至るまで、入念な考証と熱心な議論によって一つひとつこだわってつくった。そのこだわりの一部は、ジオラマの横に設置したモニターで解説している。

なお、「弥生の森」という博物館の名前は、先行して整備された史跡公園の名称から取られた。博物館のマスコットキャラクターとシンボルマークは公募により、全国から寄せられたそれぞれ千近くの作品の中から選定された。また、マスコットキャラクターの愛称は市内の小中学生の応募作品の中から「よすみちゃん」が選ばれた。「よすみちゃん」は西谷3号墓出土のガラス勾玉と四隅突出型墳丘墓の形を組み合わせたかわいいデザインで、二〇一一年にインターネット・ミュージアムが実施した「ミュージアムキャラクター・アワード」で第一位に輝いた（図79）。

図78 ● 西谷3号墓の10分の1ジオラマ
王墓造営のさまざまな場面をみせるだけでなく、当時の風俗等をリアルに学べるよう工夫されている。

地元小学校や各種団体とタイアップしたイベントも多く開催しており、なかでもゴールデンウィークの「出雲弥生の森まつり」と秋の「お月見コンサート」は、毎年、多くの人で賑わっている。

おわりに

西谷墳墓群は、中学生による最初の発見以来多くの人びとの努力が積み上げられて、解明が進められるとともに遺跡と調査成果の公開が図られた。筆者は島根大学の発掘開始以来今日までずっとこの遺跡にかかわってきたが、とくに強く感じるのは、地域の方々の熱い思いだった。発掘調査中の温かい支援と協力にはいつも頭が下がる思いだったし、今も、たとえば前記した春秋の博物館のイベントは地元諸団体の献身的な力添えに支えられている。そのたびに私たちは、博物館や史跡公園を活性化し持続させる原動力はここにあると確信した。

さて、西谷墳墓群はこれからどのように保存され活用されてゆくのか。これは次世代に託すべき大きな課題だ。すでに整備されている部分のメンテナンスはもちろん、9号墓の公有地化と整備、そして東側丘陵の調査・整備、さらに周辺地形の保全などが俎上に載ることになろう。これらがたやすく実現するとも思えないし、拙速な対応はむしろ取り返しのつかない失敗を招くだろう。時間をかけ、多くの英知を集めて、あるべき墳墓群の姿について議論を深めてほしいと願っている。

図79●マスコットキャラクター「よすみちゃん」

おもな参考文献

池田満雄「下来原西谷丘陵出土土器」『出雲市の文化財—出雲市文化財調査報告—』第一集、一九六五年
池田満雄「出雲・西谷出土蔵骨器」『島根県埋蔵文化財調査報告書』第Ⅲ集、一九七一年
東森市良「九重式土器について」『考古学雑誌』第五七巻第一号、一九七一年
門脇俊彦「また出た発生期の古墳」『季刊文化財』第一七号（島根県文化財愛護協会）一九七二年
出雲考古学研究会『古代の出雲を考える2　西谷墳墓群』一九八〇年
渡辺貞幸編「西谷墳墓群の調査（Ⅰ）」『山陰地方における弥生墳丘墓の研究』（島根大学考古学研究室）、一九九二年
渡辺貞幸「弥生墳丘墓における墓上の祭儀—西谷3号墓の調査から—」『島根考古学会誌』一〇、一九九三年
湯村功・松山智弘ほか『西谷15・16号墓発掘調査報告書』（出雲市教育委員会）一九九三年
近藤義郎・渡辺貞幸・古川登・妹尾周三・東森市良『出雲・西谷墳墓群シンポジウム—四隅突出型墳丘墓の謎に迫る—』（出雲市教育委員会）一九九五年
藤永照隆『西谷墳墓群測量調査報告書』（出雲市教育委員会）一九九八年
藤永照隆『西谷墳墓群—平成10年度発掘調査報告書—』（出雲市教育委員会）二〇〇〇年
坂本豊治ほか『西谷墳墓群—平成14年〜16年度発掘調査報告書—』（出雲市教育委員会）二〇〇六年
遠藤正樹編『西谷横穴墓群第2支群発掘調査報告書』（出雲市教育委員会）二〇〇七年
渡邊貞幸・常松幹雄・大久保徹也・肥後弘幸・岩橋孝典「（第7回神在月古代文化シンポジウム）弥生王墓誕生—出雲に王が生まれた時—」『しまねの古代文化』第一五号、二〇〇八年
原俊二「西谷横穴墓群第3支群」『平成19年度出雲市文化財調査報告書』（出雲市教育委員会）二〇〇八年
三原一将編『史跡西谷墳墓群整備事業報告書』（出雲市教育委員会）二〇一一年
花谷浩「西谷15・16号墳について」『出雲弥生の森博物館研究紀要』第1集、二〇一一年
坂本豊治「史跡西谷墳墓群の調査と整備」『月刊文化財』五月号（五七二号）二〇一一年
坂本豊治「山陰における弥生後期の墓制—特に四隅突出型墳丘墓を中心に—」『弥生墓が語る吉備』（考古学研究会例会シンポジウムの記録九）二〇一三年
渡邊貞幸・坂本豊治編『西谷3号墓発掘調査報告書』（島根大学考古学研究室・出雲弥生の森博物館）二〇一五年
坂本豊治『出雲王登場—とことん解剖　西谷3号墓—』（出雲弥生の森博物館特別展図録）二〇一六年

西谷墳墓群史跡公園

・住所・交通などは、出雲弥生の森博物館参照。

西側丘陵の各墳丘墓を整備して遊歩道をめぐらし公園化した。公園内では季節ごとに花や木の実を楽しむこともでき、「出雲弥生の森」の名で親しまれている。２号墓内の展示室にあるミラービジョンは必見だ。

史跡公園からみた出雲弥生の森博物館

出雲弥生の森博物館

・島根県出雲市大津町２７６０
・電話　０８５３（２５）１８４１
・開館時間　９：00〜17：00（入館16：30まで）
・休館日　火曜日（祝日の場合は翌平日）、12月29日〜1月3日
・入館料　常設展は無料
・交通　一畑電車「大津町駅」下車、徒歩約20分。バスでＪＲ出雲市駅より三刀屋出雲線「三刀屋」行約17分、「出雲弥生の森博物館前」下車。

西谷墳墓群と古代の出雲市域を紹介する市立の歴史博物館。市の文化財課および埋蔵文化財センターの機能も担う。常設展示室、企画展示室のほか、親子で楽しめる「たいけんコーナー」、さらに図書情報コーナーや体験学習室などをそなえる。展示や解説文は理解しやすいよう工夫され、来観者の疑問にはアテンダントや学芸係員がすぐに対応している。

とくに好評なのはエントランスホールの床に貼られた出雲市とその周辺の大きな空中写真（写真）。現在とは異なる弥生時代の水域や河川の流路、および主要な遺跡・文化財の位置が書き込まれていて、来観者がその上を歩きながら身近に古代を体感できるようになっている。

さまざまな企画展示、各種の講座・教室を開催するほか、研究紀要の刊行などの情報発信にも力を入れている。

エントランスホールの床展示

遺跡には感動がある

——シリーズ「遺跡を学ぶ」刊行にあたって——


「遺跡には感動がある」。これが本企画のキーワードです。

あらためていうまでもなく、専門の研究者にとっては遺跡の発掘こそ考古学の基礎をなす基本的な手段です。また、はじめて考古学を学ぶ若い学生や一般の人びとにとって「遺跡は教室」です。

日本考古学では、もうかなり長期間にわたって、発掘・発見ブームが続いています。そして、毎年厖大な数の発掘調査報告書が、主として開発のための事前発掘を担当する埋蔵文化財行政機関や地方自治体などによって刊行されています。そこには専門研究者でさえ完全には把握できないほどの情報や記録が満ちあふれています。しかし、その遺跡の発掘によってどんな学問的成果が得られたのか、その遺跡やそこから出た文化財が古い時代の歴史を知るためにいかなる意義をもつのかなどといった点を、莫大な記述・記録の中から読みとることははなはだ困難です。ましてや、考古学に関心をもつ一般の社会人にとっては、刊行部数が少なく、数があっても高価なその報告書を手にすることすら、ほとんど困難といってよい状況です。

いま日本考古学は過多ともいえる資料と情報量の中で、考古学とはどんな学問か、また遺跡の発掘から何を求め、何を明らかにすべきかといった「哲学」と「指針」が必要な時期にいたっていると認識します。

本企画は「遺跡には感動がある」をキーワードとして、発掘の原点から考古学の本質を問い続ける試みとして、日本考古学が存続する限り、永く継続すべき企画と決意しています。いまや、考古学にすべての人びとの感動を引きつけることが、日本考古学の存立基盤を固めるために、欠かせない努力目標の一つです。必ずや研究者のみならず、多くの市民の共感をいただけるものと信じて疑いません。

二〇〇四年一月

戸沢充則

著者紹介

渡辺貞幸（わたなべ・さだゆき）

1945年生まれ。東京都出身。

東京大学大学院人文科学研究科博士課程単位取得退学。

島根大学法文学部教授、出雲弥生の森博物館館長をへて、現在、島根大学名誉教授、出雲弥生の森博物館名誉館長。

主な著作（いずれも共著）

『図説発掘が語る日本史』5（新人物往来社）、『出雲と石見銀山街道』（吉川弘文館）、『倭国大乱と日本海』（同成社）など。

写真提供（所蔵）
国土地理院：図3・11・61／出雲市：図4・6・8・23（下）・35・39・66・70（下）・72・73・76・79／出雲市（島根大学撮影）：図14・15・18・20・23（上）・24・26・28・31・32・33・63（上）／島根県立古代出雲歴史博物館：図21／島根県埋蔵文化財調査センター：図48／倉吉博物館：図46／福井市教育委員会：図51／島根県文化財保護課：図52／『楯築弥生墳丘墓の研究』：図60

図版出典・参考（一部改変）
国土地理院：図1（20万分の1地勢図「松江」「大社」「高梁」「浜田」）・図2（1915年版2万5千分の1地形図「今市」）／出雲市：図12・27・28（グラフ）・29（早川和子画）・34・37・38・53・57・58・64・69／島根県埋蔵文化財調査センター：図40／報告書の図に加筆：図45・47・49・50・63（下）・74／山陽新聞社：図59

上記以外は著者

シリーズ「遺跡を学ぶ」123
出雲王《いずもおう》と四隅突出型墳丘墓《よすみとっしゅつがたふんきゅうぼ》　西谷墳墓群《にしだにふんぼぐん》

2018年　2月15日　第1版第1刷発行

著　者＝渡辺貞幸

発行者＝株式会社　新 泉 社
東京都文京区本郷2−5−12
TEL 03（3815）1662 ／ FAX 03（3815）1422
印刷／三秀舎　製本／榎本製本

ISBN978−4−7877−1833−4　C1021

第2ステージ・第1期（通算5期）25冊完結（各1600円＋税）

101 北のつわものの都 **平泉** 八重樫忠郎
102 古代国家形成の舞台 **飛鳥宮** 鶴見泰寿
103 黄泉の国の光景 **葉佐池古墳** 栗田茂敏
104 島に生きた旧石器人 **沖縄の洞穴遺跡と人骨化石** 山崎真治
105 古市古墳群の解明へ **盾塚・鞍塚・珠金塚古墳** 田中晋作
106 南相馬に躍動する古代の郡役所 **泉官衙遺跡** 藤木 海
107 琵琶湖に眠る縄文文化 **粟津湖底遺跡** 瀬口眞司
108 北近畿の弥生王墓 **大風呂南墳墓** 肥後弘幸
109 最後の前方後円墳 **龍角寺浅間山古墳** 白井久美子
110 諏訪湖底の狩人たち **曽根遺跡** 三上徹也
111 日本海を望む「倭の国邑」 **妻木晩田遺跡** 濵田竜彦
112 平城京を飾った瓦 **奈良山瓦窯群** 石井清司
113 縄文のタイムカプセル **鳥浜貝塚** 田中祐二
114 九州の銅鐸工房 **安永田遺跡** 藤瀬禎博
115 邪馬台国時代のクニの都 **吉野ヶ里遺跡** 七田忠昭
116 よみがえる金堂壁画 **上淀廃寺** 中原 斉
117 船形埴輪と古代の喪葬 **宝塚一号墳** 穂積裕昌
118 海に生きた弥生人 **三浦半島の海蝕洞穴遺跡** 中村 勉
119 東アジアに翔る上毛野の首長 **綿貫観音山古墳** 大塚初重・梅澤重昭
120 国宝土偶「仮面の女神」の復元 **中ッ原遺跡** 守矢昌文
121 古墳時代の南九州の雄 **西都原古墳群** 東 憲章
122 石鍋が語る中世 **ホゲット石鍋製作遺跡** 松尾秀昭
123 出雲王と四隅突出型墳丘墓 **西谷墳墓群** 渡辺貞幸
124 国宝「火焔型土器」の世界 **笹山遺跡** 石原正敏
125 徳島の土製仮面と巨大銅鐸のムラ **矢野遺跡** 氏家敏之